新しい小学校音楽科の授業をつくる

高見仁志 [編著]

ミネルヴァ書房

まえがき

　我が国における音楽科教員養成のあり方については，これまでに多くの議論が重ねられてきた。とりわけ，「教科に関する科目」（教科の専門的内容を追究する科目）と「教科の指導法」（教科をどう教えるかといった指導法を追究する科目）の不協和が従来より問題視されてきた（序章参照）。そこでこの問題に一石を投じるべく，教科専門と教科の指導法の融合を標榜した本書を刊行することとした。

　また，一説には空前の大改訂ともいわれる新学習指導要領（平成29年版小学校学習指導要領）とも関連づけ，次の3点を柱として本書を編んだ。

> ① これからの音楽科教員養成のあり方を，「教科専門」と「教科の指導法」の融合の観点から検討し，それに基づいた本書のコンセプトを明示すること。
> ② 平成29年に告示された新しい小学校学習指導要領のポイントを示し，それに関連づけて各章の内容を解説すること。
> ③ 「主体的・対話的で深い学び」「ICTの活用」「保幼小の連携」「新しい学習評価」「音楽科授業を支える学級経営」「音楽文化を学校に根づかせる」等の，今日的教育課題にも迫ること。

　本書の刊行は，各分野で実績のある多彩な執筆陣のご尽力によって実現した。

　これから教師を目指す学生の皆さんはもちろんのこと，教員養成，教師教育に関係する大学および教育委員会の先生方，あるいは，新学習指導要領に基づいて楽しく充実した音楽科授業をつくりたい，と願っておられる教育現場の先生方，そういった皆様のお役に立つことができれば望外の喜びである。

2018年3月　京都 紫野の研究室にて

高見 仁志

新しい小学校音楽科の授業をつくる
目 次

まえがき

序　章　これからの音楽科教員に求められるもの──「教科専門」と「教科の指導法」の融合

1　アカデミシャンズとエデュケーショニストの対立……………………1
2　PCK の発想………………………………………………………………1
3　「教科及び教科の指導法に関する科目」への誤解 ……………………2
4　教員養成カリキュラム開発の潮流と本書の意義………………………3

第1章　これからの小学校音楽科が目指すもの──新学習指導要領の目標と内容等をもとに

1　平成29年版学習指導要領の改訂…………………………………………5
2　音楽科の目標………………………………………………………………8
3　音楽科の内容………………………………………………………………12
4　指導計画の作成と内容の取扱いにおいて配慮すべきこと……………15

第2章　学校教育における歌唱指導

1　歌唱指導の歴史……………………………………………………………18
2　声を出すということ………………………………………………………20
3　正しい音程とリズムで歌うこと…………………………………………21
4　発声指導のあり方…………………………………………………………23
5　音楽的な表現をつくる……………………………………………………27
6　よい歌唱とはなにか………………………………………………………27

第3章　器　　楽

1　器楽とは──器楽活動の意義……………………………………………29
2　学習指導要領にみる器楽…………………………………………………31
3　小学校で演奏される楽器たち……………………………………………32
4　器楽の教材…………………………………………………………………33
5　各楽器の指導に際して……………………………………………………35
6　器楽指導……………………………………………………………………40

第4章　音楽づくり

1　音楽づくりとは何か……………………………………………………46
2　音楽づくりの活動をつくる……………………………………………48
3　〔共通事項〕との関連…………………………………………………54
4　音楽をつくりだす子ども………………………………………………55

第5章　鑑　賞

1　音楽鑑賞の意義…………………………………………………………56
2　鑑賞指導の課題…………………………………………………………57
3　平成29年版学習指導要領の内容………………………………………59
4　鑑賞の指導方法…………………………………………………………62

第6章　音楽科とICTの活用

1　メディアの進化と音楽科………………………………………………66
2　平成29年版学習指導要領に示されたICTの活用に関わる内容………67
3　活用の対象となりえるメディア………………………………………67
4　活用の場面………………………………………………………………70
5　活用の留意点……………………………………………………………75
6　未来の可能性……………………………………………………………76

第7章　異文化の音楽

1　異文化の音楽とは………………………………………………………78
2　異文化の音楽はどのように研究されてきたか………………………79
3　異文化の音楽を学ぶ意味………………………………………………81
4　異文化の音楽の授業をつくる…………………………………………83

第8章　日本の伝統音楽

1　日本の伝統音楽の特性…………………………………………………87
2　日本の伝統音楽の特性を捉えた授業…………………………………89
3　音楽の授業における日本の伝統音楽の実践案………………………91

第9章　音楽科におけるアクティブ・ラーニング

1　学力観の転換とアクティブ・ラーニング……………………………97
2　音楽科のアクティブ・ラーニングとは………………………………101

目 次

第10章　音楽科の学習指導案

1　教育実習の指導準備………………………………………104
2　学習指導案（略案）………………………………………105

第11章　音楽科の学習評価

1　目標に準拠した評価について……………………………116
2　評価の観点について………………………………………116
3　評価に当っての留意点について…………………………117
4　評価の方法について………………………………………118
5　新小学校学習指導要領における学習評価について……119

第12章　音楽科授業成立の鍵を握る学級経営──授業を成功に導く大切な一瞬

1　観察者としての授業者……………………………………120
2　「学級集団づくりに関する教育的瞬間」を見逃してはいけない………121
3　教育的瞬間に教師が第一にしなければいけないこと…………………122
4　行為の前に状況の本質を捉える…………………………123
5　教育的鑑識…………………………………………………123
6　教育的鑑識のセンスがない教師はどうなるか…………124
7　状況把握や判断の他にも心がけたいこと………………124

第13章　校内の全教師が音楽科を重要視する学校──いかにして音楽文化を学校に根づかせるか

1　事例の概要…………………………………………………126
2　調査の手続き………………………………………………127
3　学校音楽文化が定着するプロセス………………………127
4　なぜＬ小学校に音楽文化が根づいたのか………………130

第14章　音楽科と保幼小連携

1　保幼小連携の背景…………………………………………132
2　音楽科と保幼小連携をとりまく課題とそれを踏まえた工夫・配慮……135
3　音楽科に関する保幼小連携の事例………………………137
4　保幼小連携と教科の学習の両立…………………………138

第15章　指 揮 法

1　指揮棒の持ち方……………………………………………139
2　指揮の基本的テクニック…………………………………140

3　児童への指揮の指導………………………………………………143

第16章　音楽理論

　1　譜表と音名……………………………………………………………146
　2　音符と休符……………………………………………………………148
　3　音　　　階……………………………………………………………150
　4　移動ド唱法……………………………………………………………152
　5　音　　　程……………………………………………………………153
　6　三和音…………………………………………………………………154
　7　コード記号……………………………………………………………156
　8　移　　　調……………………………………………………………158
　9　音楽用語………………………………………………………………159

第17章　共通教材と伴奏譜

　共通教材〔簡易伴奏〕…………………………………………………163
　共通教材〔通常伴奏〕…………………………………………………187

資料　小学校学習指導要領　（平成29年３月）（抄）
人名索引／事項索引

序　章

これからの音楽科教員に求められるもの
──「教科専門」と「教科の指導法」の融合

　　教員養成教育充実の緊要性は，近年ますます声高に叫ばれるようになってきている。
2015年には中央教育審議会（以下「中教審」と略す）が，「これからの学校教育を担う教
員の資質能力の向上について─学び合い，高め合う教員育成コミュニティの構築に向けて
─」（以下「中教審第184号」と略す）という，今後の養成教育の核となる答申を発表した。
この源泉と考えられるのは，文部科学省高等教育局が2001年に行った「国立の教員養成系
大学学部の在り方に関する懇談会」（以下「在り方懇」と略す）の報告である。この答申
や報告を手がかりに本章では，音楽科の教員養成において「今求められているものは何
か」について考察し，それに基づきながら本書の意義について述べることとする。

1　アカデミシャンズとエデュケーショニストの対立

　教員養成の世界では，「教科に関する科目」（教科の専門的内容を追究する科目）と「教
科の指導法」（教科をどう教えるかといった指導法を追究する科目）の不協和が従来より
問題視されてきた。このことに関して在り方懇は，以下の内容を報告している。

　　教員養成学部内においても従来からいわゆる「アカデミシャンズ（学問が十分にでき
　ることが優れた教員の第一条件と考える人達）」と「エデュケーショニスト（教員と
　しての特別な知識・技能を備えることこそが優れた教員の第一条件と考える人達）」
　との対立がある。

　このような対立から脱却し，両者が融合したような教員養成を実現させるためにも中教
審第184号は発表された。具体的にいうと，中教審第184号では，「教科に関する科目」と
「教職に関する科目」の区分を撤廃し，それらを統合する「教科及び教科の指導法に関す
る科目」を新設する方向性が提示されたのである。

2　PCK の発想

　前節に述べたような「教科に関する科目」と「教科の指導法」を融合させる考え方とし
て，リー・ショーマン（Lee Shulman）が提唱した「Pedagogical Content Knowledge（以

1

下 PCK と略す）」をとりあげる（Lee Shulman, 1987）。

佐藤学は PCK を教師の重要な能力と捉え，次のように解釈している。

> 教師が保有している教育内容の知識（content knowledge）を，生徒の能力や背景の多様性に応じて教育学的に（pedagogically）強力で適切なかたちへと変容する。
>
> （佐藤 1996：149）

この考え方をわかりやすくするため，筆者の先行研究（高見 2014：103）から，小学校音楽科授業の一場面を例示する。

（教師は子どもと向き合う状態で，ボイスパーカッションの指導をしている。その指導中，児童が楽譜のリズム通りに歌えなかった場面……）

「シンコペーションのリズムが児童にとって歌いにくいんだな」と考えた教師は，歌いにくいその箇所を笑顔で範唱し，ゆっくり歌うよう指示した。

上記の指導は，シンコペーションのリズムを教師自身が理解し歌える，といった音楽的知識や技能と，「児童にとって歌いにくいんだな」と判断し，範唱の後ゆっくり歌う指示を与える，といった子どもの状況を把握し指導法を探る能力が融合して生まれたと考えてよいだろう。以上の＿＿部分は「教科に関する科目」によって，～～部分は「教科の指導法」によって培われると考えられる。

すなわち，上記の例のように「教師が保有している教育内容の知識（content knowledge）」を，「生徒の能力や背景の多様性に応じて教育学的に（pedagogically）強力で適切なかたちへと変容する」のが PCK の考え方である。この考え方は，教科の専門的内容と教科の指導法の融合および往還を標榜したものであり，現在我が国で進められている教員養成改革の根幹をなす理論のひとつと捉えることができる。

3 「教科及び教科の指導法に関する科目」への誤解

中教審第184号に明記された「教科及び教科の指導法に関する科目」の新設という方向性，つまりこれまでは別に存在していた2科目が統合されたことを，短絡的に受け止めることは危険であろう。たとえば，音楽科の専門的内容を軽視し，いかに音楽を教えるかという指導法のみを重視している，あるいはその逆，といった偏狭な誤解が生じる可能性が危惧されるのである。

これが誤解であることは，中教審第184号に示された次の点からも理解できよう。答申

では「教科及び教科の指導法に関する科目」と統合しながらも，その中身は〈イ〉「教科に関する専門的事項」，〈ロ〉「各教科の指導法」というように別項立てで示し，従来型の２科目を設けることも妨げないとしている。

　このことに関連して三村真弓は，上記〈イ〉と〈ロ〉について「それぞれの内容が獲得されたうえで，架橋する科目を設定するべきであろう」と述べている（三村 2013：75-76）。三村の指摘からもわかるように，中教審第184号は，教科の専門的内容，教科の指導法のどちらか一方に偏向することを強要した指針ではなく，両者を架橋するがごとく融合させ，教育現場の現実的な音楽科授業を意識することの重要性を強調している，と受け止めるべきであろう。

4　教員養成カリキュラム開発の潮流と本書の意義

　教員養成改革の一連の流れを，フェーズ的観点から整理すると次のようになる。

　　Phase ①：求められる教師の力量モデル構築の段階
　　Phase ②：上記 Phase ①のような力量を備えた教師を輩出するためのカリキュラム
　　　　　　　開発および実践の段階
　　Phase ③：上記 Phase ②によってどんな人材が輩出され，どんな成長の軌跡を辿る
　　　　　　　のか（カリキュラムのねらいがどこまで達成されたのか）を検証する段階
　　Phase ④：上記 Phase ③の結果，必要に応じてカリキュラム内容や実践を修正・調
　　　　　　　整する段階

　このような観点から音楽科における教員養成をみつめたとき，中教審第184号が示されて間もない我が国の現況は，おおむね Phase ②に位置づけられよう。

　このような流れのなか，PCK 概念を彷彿とさせる新たな教員養成カリキュラムの開発は大学を中心として試みられるようになってきている。たとえば，鳴門教育大学は教科の専門的内容と教科の指導法とが交わるところに構想された「教科内容学」を提示した（鳴門教育大学 2006：16-17）。

　新井知生は，教科内容学研究の代表的なプロジェクトとして，兵庫教育大学・鳴門教育大学・東京学芸大学・上越教育大学・岡山大学の取り組みを挙げている。また，広島大学・島根大学などでも，独自の研究がおこなわれているとしている（新井 2015：28）。

　音楽科における PCK を標榜したカリキュラム開発としては，教科内容学研究を進めている大学の音楽担当教員の手によるものが確認できる。たとえば，鳴門教育大学では，教科内容学研究を理論構築の範疇にとどめることなく，教育実践を前提としたテキストの作成にまで発展させている。

しかしながら全国的にみたとき，こうした教員養成カリキュラム開発は待ったなしの状態であるにもかかわらず，緒に就いたばかりであり試行的段階の域を越えてはいないといってよいだろう。また，音楽科における教員養成テキスト開発については，多数の文献が出版されているものの，依然として教科の専門的内容，教科の指導法のどちらか一方にウエイトを置くものが多い。そこで，PCK概念を基盤とした本書を著すこととした。

　本書は，概念だけではなく内容的にも，教科専門と教科の指導法を融合させることがコンセプトであり，そういったバランスで編まれている。こうした新しい養成教育観に加え，「音楽科授業を支える学級経営」，「いかにして音楽文化を学校に根づかせるか」，「主体的・対話的で深い学び」「ICTの活用」，「新しい学習評価」，「保幼小の連携」等の今日的課題にも迫る書となっている。

参考文献

Lee S. Shulman, (1987) Knowledge and Teaching：Foundations of the New Reform, *Harvard Educational Review*, 57（1）：1-22.

佐藤学（1996）『教育方法学』岩波書店。

高見仁志（2014）『音楽科における教師の力量形成』ミネルヴァ書房。

三村真弓（2013）「音楽科教員養成における教職と教科を架橋する構成原理を求めて」『日本教科教育学会誌』第35巻第4号：71-76。

鳴門教育大学コア・カリ開発研究会（2006）『教育実践学を中核とする教員養成コア・カリキュラム──鳴門プラン』暁教育図書。

新井知生（2015）「『教科内容学』研究の成果と課題──教員養成カリキュラムにおける教科専門の授業の在り方を中心に」『島根大学教育学部紀要』第49巻：27-36。

高見仁志（2016）「音楽科における教員養成の動向──『教師の思考研究』に着目して」『音楽教育学』日本音楽教育学会，第46巻第2号：37-46。

（高見仁志）

第1章

これからの小学校音楽科が目指すもの
——新学習指導要領の目標と内容等をもとに

　平成29年3月，初等教育および中等教育における教育課程の基準である新学習指導要領が告示された。小学校音楽科では，2020（令和2）年度からの10年間，新学習指導要領に基づいた教育課程を編成し実施することになる。本章では，平成29年版学習指導要領の改訂に関するスケジュール，改訂の基本方針，改訂に関する小学校音楽科の基本的な考え方，小学校音楽科の新学習指導要領の目標と内容，指導計画の作成と内容の取扱いについて解説する。

1 平成29年版学習指導要領の改訂

　はじめに，平成29年版学習指導要領の改訂がどのように進められたのかについて概説する。

（1）改訂に関するスケジュール

　平成29年版学習指導要領の改訂に向けての議論は，中央教育審議会（以下，「中教審」と略記）で行われた。中教審における改訂までの審議の流れは，次のとおりである（図1-1）。

- ・「初等中等教育における教育課程の基準等の在り方について」（諮問）／文部科学大臣から中教審に対して上記の諮問が行われ，改訂に向けての検討がスタートする。
- ・「論点整理」〔初等中等教育分科会教育課程部会教育課程企画特別部会〕／中教審教育課程企画特別部会において，各部会や各WGで議論の方向性を明確にするために，議論する論点を整理する。「論点整理」に基づいて各学校段階や教科等別に設置された専門部会による議論が進められる。音楽科の改訂についての議論は，教育課程部会芸術ワーキンググループで行われる。
- ・「次期学習指導要領等に向けたこれまでの審議のまとめ」（答申）／これまでの審議を踏まえ，新しい学習指導要領の姿と，その理念の実現のために必要な方策を示す。

　平成29年版学習指導要領は，上記の約2年にわたるさまざまな審議を踏まえて，2017（平成29）年3月31日に告示されたものである。小学校音楽科では，2018（平成30）年度および2019（平成31）年度が移行措置の期間（以下，「移行期」と略記）となり，移行期から，各学校の判断によりその全部または一部について新学習指導要領による教育課程を編成・実施することができる。但し，移行期における学習評価については，現行の評価の観点でおこなうことに留意する必要がある。

　小学校音楽科では，2020（令和2）年度からの全面実施に間に合うように，平成29年版

学習指導要領に基づく教科書の改訂が進められ，令和２年度からは，教科書検定を通過し，各都道府県市で採択された教科書を用いて指導することになる。

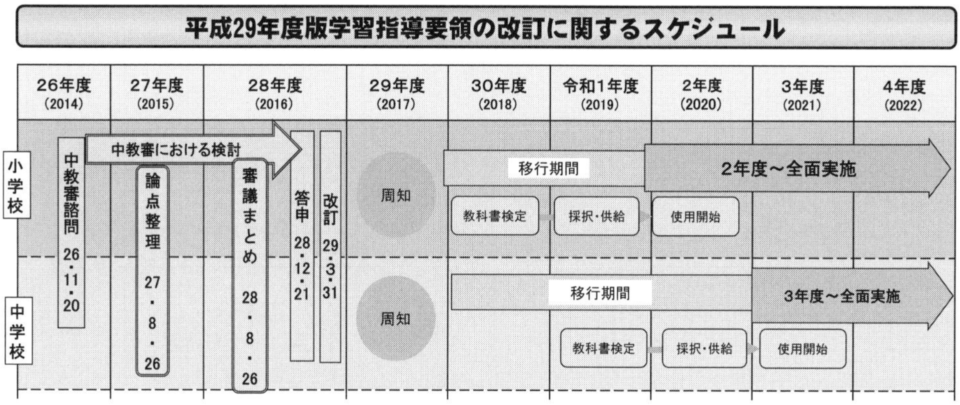

図１-１　平成29年版学習指導要領の改訂に関するスケジュール

（２）平成29年版学習指導要領改訂の基本方針等

　平成29年版学習指導要領の改訂は，中教審での議論を踏まえ，育成を目指す資質・能力の明確化，「主体的・対話的で深い学び」の実現に向けた授業改善の推進，各学校におけるカリキュラム・マネジメントの推進などを基本方針として進められた。

　ここでは育成を目指す資質・能力の明確化，「主体的・対話的で深い学び」の実現に向けた授業改善について要点を示す。

① 育成を目指す資質・能力の明確化

　「生きる力」を児童に育むために，「何のために学ぶのか」という学習の意義を共有しながら，授業の創意工夫や教科書等の教材の改善を引き出していくことができるようにするため，すべての教科等の目標と内容を，次の三つの柱で示した。

・何を理解しているか，何ができるか（生きて働く「知識・技能」の習得）

・理解していること・できることをどう使うか（未知の状況にも対応できる「思考力・判断力・表現力等」の育成）

・どのように社会・世界と関わり，よりよい人生を送るか（学びを人生や社会に生かそうとする「学びに向かう力・人間性等」の涵養）

　授業の本質は，学力の形成である。前述の三つの柱による目標と内容の整理は，2007（平成19）年の学校教育法の一部改正で位置づけられた学力の三要素（「基礎的な知識及び技能」，「思考力，判断力，表現力等」，「主体的に学習に取り組む態度」）を踏まえたものである。

第1章　これからの小学校音楽科が目指すもの

　平成29年版学習指導要領の趣旨を理解し，それを踏まえた授業実践を充実していくためには，音楽科の目標と内容を，三つの柱で整理していることを踏まえる必要がある。

②「主体的・対話的で深い学び」の実現に向けた授業改善

　児童が，学習内容を深く理解し，資質・能力を身に付け，能動的に学び続けることができるようにするためには，学習の質を一層高める授業改善の取り組みを活性化していくことが必要である。そのために，我が国の優れた教育実践に見られる普遍的な視点である「主体的・対話的で深い学び」の実現に向けた授業改善（アクティブ・ラーニングの視点に立った授業改善）を推進することが求められることを示した。このことは，音楽科においても授業改善の大切なポイントとなる。

（3）小学校音楽科の改訂の基本的な考え方

　中教審答申における，小学校，中学校および高等学校を通じた音楽科，芸術科（音楽）の成果と課題を踏まえた小学校音楽科の改訂の基本的な考え方は，次のとおりである。

・音楽に対する感性を働かせ，他者と協働しながら，音楽表現を生み出したり音楽を聴いてそのよさなどを見いだしたりすることができるよう，内容の改善を図る。

・音や音楽と自分との関わりを築いていけるよう，生活や社会の中の音や音楽の働きについての意識を深める学習の充実を図る。

・我が国や郷土の音楽に親しみ，よさを一層味わうことができるよう，和楽器を含む我が国や郷土の音楽の学習の充実を図る。

　一点目については，主体的，協働的，創造的な音楽学習になるよう改善を図ることを示している。これらは，従前においても大切にされてきたことであり，音楽科の学習の在り方として不易の部分である。先に述べた「論点整理」では，「音楽の授業では，みんなで協力し，学び合っていますか」「歌ったり楽器を演奏したり音楽をつくったりするときに，自分はこう表したいという願いや考えをもつようにしていますか」という質問に肯定的な回答をした児童は，否定的な回答をした児童よりも，表現領域の「思考力・判断力・表現力等」に関わる記述問題の通過率が10ポイント以上高いという調査結果が示されている（平成24年度小学校学習指導要領実施状況調査・音楽）。この結果は，他者と学び合うこと，自分の考えをもつことの重要性を示唆している。

　二点目については，「音や音楽と自分との関わりを築いていけるよう」学習の充実を図るという，音楽科の学習の目指す方針に言及している。「論点整理」では，「音楽を学習すれば，普段の生活や社会に出て役立つ」という質問に肯定的に回答した児童は47.7%（同調査）であったことが課題として指摘されている。このことは，児童にとって，音楽の学習がどのような意味をもっていたのか，すべての児童が履修する教科として音楽科が何を

7

目指していたのか，を改めて見つめ直す必要があることを示唆している。

　三点目については，「我が国や郷土の音楽に親しみ，よさを一層味わうことができるよう」学習の充実を図るという，我が国や郷土の音楽の学習の目指す方向を示している。「論点整理」では，「世界各国の音楽の中から，我が国の音楽を聴き分けることについては，相当数の児童ができているが，我が国の音楽の様々な特徴を捉えて聴くことには課題がある」（同調査）と指摘されている。この結果は，感覚的にこれは我が国の音楽だと捉えることはできるが，音楽的な特徴を捉えることが十分でないために，よさを味わうところまでは十分に達していないことを示唆している。

　育成を目指す資質・能力の明確化をはじめとする改訂の基本方針，小学校音楽科の改訂の基本的な考え方などを踏まえて，小学校音楽科の平成29年版学習指導要領では，以下に述べるように，目標と内容，指導計画の作成と内容の取扱いが改善されている。

2　音楽科の目標

　先に述べたように，平成29年版学習指導要領では，すべての教科等の目標と内容を，三つの柱（「知識及び技能」の習得，「思考力，判断力，表現力等」の育成，「学びに向かう力，人間性等」の涵養）で整理している。小学校音楽科においても同様である。音楽科の目標と内容を見ていくときには，この点を踏まえる必要がある（図1-2参照）。

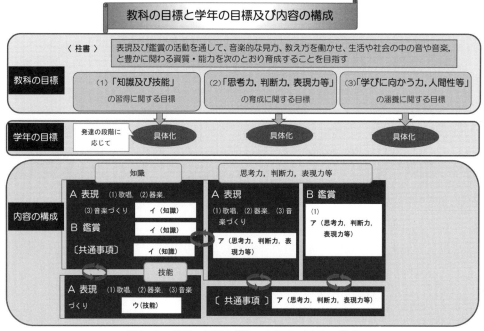

図1-2　教科の目標と学年の目標及び内容の構成

第1章　これからの小学校音楽科が目指すもの

（1）教科の目標

　小学校音楽科における教科の目標は，次のとおりである。

　表現及び鑑賞の活動を通して，音楽的な見方・考え方を働かせ，生活や社会の中の音や音楽と豊かに関わる資質・能力を次のとおり育成することを目指す。（柱書）

（1）曲想と音楽の構造などとの関わりについて理解するとともに，表したい音楽表現をするために必要な技能を身に付けるようにする。（知識及び技能）

（2）音楽表現を工夫することや，音楽を味わって聴くことができるようにする。（思考力，判断力，表現力等）

（3）音楽活動の楽しさを体験することを通して，音楽を愛好する心情と音楽に対する感性を育むとともに，音楽に親しむ態度を養い，豊かな情操を培う。（学びに向かう力，人間性等）

　　　　　　　　　　　　　　　　　　　　※（　）内筆者。対応する資質・能力を示す。

　教科の目標には，小学校音楽科の学習が，どのような資質・能力を，どういった学習活動を通して育成するかを示している。まず，柱書には，小学校音楽科は「生活や社会の中の音や音楽と豊かに関わる資質・能力」を育成する教科であると示している。そのうえで，育成を目指す資質・能力として，（1）に「知識及び技能」の習得，（2）に「思考力，判断力，表現力等」の育成，（3）に「学びに向かう力，人間性等」の涵養に関する目標を示すように構成されている。このような資質・能力を育成することによって，児童が音や音楽との関わりを自ら築き，生活を豊かにしていくことは，音楽科の大切な役割のひとつである。

　また，そのためには，「表現及び鑑賞の活動を通して」おこなうこと，「音楽的な見方・考え方を働かせ」ることが必要であることを柱書に示している。

　音楽的な見方・考え方とは，「音楽に対する感性を働かせ，音や音楽を，音楽を形づくっている要素とその働きの視点で捉え，自己のイメージや感情，生活や文化などと関連付けること」であると考えられる。音楽の学習を成立させるためには，児童が音楽に対する感性を働かせることが不可欠である。「音や音楽を，音楽を形づくっている要素とその働きの視点で捉え」とは，平たくいえば「音響」として音楽を捉えることである。音や音楽は，鳴り響く音や音楽を対象として，音楽がどのように形づくられているか，また音楽をどのように感じ取るかを明らかにしていく過程において捉えることができる。音楽科の学習では，このように音や音楽を捉えることが必要である。

　一方，音や音楽は，「自己のイメージや感情」「生活や文化」などとの関わりにおいて，意味あるものとして存在している。したがって，音や音楽とそれらによって喚起される自己のイメージや感情との関わり，音や音楽と人々の生活や文化などの音楽の背景との関わりについて考えることによって，思いや意図をもって歌ったり楽器を演奏したり音楽をつくったりする学習や，曲や演奏のよさなどをみいだし，曲全体を味わって聴く学習が，一層充実するのである。

9

このように，音楽的な見方・考え方は，音楽科の特質に応じた，物事を捉える視点や考え方である。音楽科の各事項や，内容の取扱いに示した教材選択の観点は，音楽的な見方・考え方を働かせることを前提に示されている。したがって，音楽的な見方・考え方は，資質・能力として教え込むものではなく，働かせるものであることに留意する必要がある。音楽的な見方・考え方を働かせて学習をすることによって，児童の発達の段階に応じた，音楽科の「知識及び技能」の習得，「思考力，判断力，表現力等」の育成，「学びに向かう力，人間性等」の涵養が実現していくのである。また，このことによって，生活や社会の中の音や音楽と豊かに関わる資質・能力は育成されるのである。

　次に，（1）から（3）の目標の内容をみていくことにしよう。

（1）「知識及び技能」の習得に関する目標

　「曲想と音楽の構造などとの関わりについて理解する」ようにすることが知識の習得に関する目標，「表したい音楽表現を実現するために必要な技能を身に付ける」ようにすることが技能の習得に関する目標である。知識の習得に関する目標は，表現領域及び鑑賞領域に共通するものである。

　音楽科における「知識」とは，曲名や，音符，休符，記号や用語の名称などの知識のみを指すものではない。今回の改訂では，児童一人一人が，音楽に対する感性を働かせて感じ取り理解すべき知識として，例えば，「曲想と音楽の構造」などとの関わりを示している。曲想とは，その音楽に固有の雰囲気や表情，味わいのことであり，音楽の構造とは，音楽を形づくっている要素の表れ方や，音楽を特徴付けている要素と音楽の仕組みとの関わり合いである。

　曲想と音楽の構造などとの関わりについて理解するとは，表現や鑑賞の活動を通して，対象となる音楽に固有の雰囲気や表情などを感じ取りながら，「音楽から喚起される自己のイメージや感情」と「音楽を形づくっている要素の表れ方や，音楽を特徴付けている要素と音楽の仕組み」との関わり合いなどとの関係を捉え，理解することである。

　一方，音楽科における「技能」とは，歌を歌う技能，楽器を演奏する技能，音楽をつくる技能である。たとえば，歌唱では，聴唱や視唱などの技能，自然で無理のない歌い方で歌う技能，声を合わせて歌う技能を示しているが，これらの技能は表したい音楽表現，すなわち思いや意図に合った表現などをするために必要となるものとして位置づけている。そのことによって，音楽科における技能は，「思考力，判断力，表現力等」の育成と関わらせて，習得できるようにすべき内容であることを明確にしていることに留意する必要がある。

（2）「思考力，判断力，表現力等」の育成に関する目標

　「音楽表現を工夫すること」は表現領域，「音楽を味わって聴くこと」は鑑賞領域に関する目標である。

　音楽表現を工夫するとは，歌唱や器楽の学習においては，曲の特徴にふさわしい音楽表現を試しながら考えたり，音楽づくりの学習においては，実際に音を出しながら全体のま

とまりなどを考えたりして，どのように表現するかについて思いや意図をもつことである。

　音楽を味わって聴くとは，音楽によって喚起された自己のイメージや感情を，曲想と音楽の構造との関わりなどと関連させて捉え直し，自分にとっての音楽のよさなどをみいだし，曲全体を聴き深めていることである。

　また，音楽表現を工夫したり，音楽を聴いて自分にとっての音楽のよさなどをみいだしたりするためには，音楽を形づくっている要素を聴き取り，それらの働きが生み出すよさや面白さ，美しさを感じ取りながら，聴き取ったことと感じ取ったこととの関わりについて考えることが必要である。さらに，その過程においては，音や音楽および言葉によるコミュニケーションを図り，音楽科の特質に応じた言語活動を適切に位置づけられるよう指導を工夫することが大切である。

（3）「学びに向かう力，人間性等」の涵養に関する目標

　「音楽活動の楽しさを体験する」とは，主体的，創造的に表現や鑑賞の活動に取り組む楽しさを実感することである。「音楽を愛好する心情」を育むとは，文字どおり児童が心から音楽を愛好することができるようにするとともに，生活のなかに音楽を生かそうとする態度を，音楽科の学習活動を通して育むということである。このような音楽活動を進めるに当たって何よりも大切なことは，児童が楽しく音楽に関わり，音楽を学習する喜びを得るようにすることであり，音楽に感動するような体験を積み重ねることである。

　「音楽に対する感性」とは，音楽的感受性と捉えることができる。音楽のさまざまな特性に対する感受性を意味し，具体的には，音楽を感覚的に受容して得られるリズム感，旋律感，和音感，強弱感，速度感，音色感などである。児童が音や音楽の美しさを感じ取るとき，そこには音楽的感受性が働いていることから，音楽に対する感性は，音や音楽の美しさなどを感じ取るときの心の働きでもある。したがって，音楽に対する感性を育むとは，児童が音楽的感受性を身に付けるとともに，音や音楽の美しさなどを感じ取ることができるようにすることであるといえる。

　「音楽に親しむ態度」とは，我が国や諸外国のさまざまな音楽，およびさまざまな音楽活動に関心をもち，積極的に関わっていこうとする態度である。さらに，学校内外のさまざまな音楽や音楽活動に主体的に関わっていく態度も含むものである。

　「情操」とは，美しいものや優れたものに接して感動する，情感豊かな心をいい，情緒などに比べて更に複雑な感情を指すものとされている。音楽によって培われる情操は，直接的には美的情操が最も深く関わっている。美的情操とは，たとえば，音楽を聴いてこれを美しいと感じ，さらに美しさを求めようとする柔らかな感性によって育てられる豊かな心のことである。このような美しさを受容し求める心は，美だけに限らず，より善なるものや崇高なるものに対する心，すなわち，他の価値に対しても通じるものである。音楽科では美的情操を培うことを中心にはするものの，「学びに向かう力，人間性等」の涵養を目指すことを踏まえ，ここでは，豊かな情操を培うことを示している。

（2）学年の目標

　学年の目標は，教科の目標を実現していくための具体的な目標を，児童の発達の段階や学習の系統性を踏まえて2学年ごとに具体的に示したものである。

（1）「知識及び技能」の習得

第1・2学年	曲想と音楽の構造などとの関わりについて	気付く	とともに，	音楽表現を楽しむために	必要な歌唱，器楽，音楽づくりの技能を身に付けるようにする。
第3・4学年				表したい音楽表現をするために	
第5・6学年		理解する			

（2）「思考力，判断力，表現力等」の育成

第1・2学年	音楽表現を考えて表現に対する	思い	をもつことや，	曲や演奏の	楽しさ	を見いだしながら音楽を味わって聴くことができるようにする。
第3・4学年		思いや意図			よさなど	
第5・6学年						

（3）「学びに向かう力，人間性等」の涵養

第1・2学年	楽しく	音楽に関わり，	協働して音楽活動する楽しさを	感じ	ながら	身の周りの	音楽に親しむとともに，	音楽経験を生かして生活を明るく潤いのあるものにしようとする態度を養う。
第3・4学年	進んで					様々な		
第5・6学年	主体的に			味わい				

　たとえば，（2）では，教科の目標で示した「音楽表現を工夫すること」を，学年の目標では「音楽表現を考えて表現に対する思い／思いや意図をもつこと」とし，「音楽を味わって聴くこと」を「曲や演奏の楽しさ／よさなどを見いだしながら音楽を味わって聴くこと」としている。

　また，(3)の特徴的なのは，前半部分では，集団での音楽活動が中心となる音楽科の学びの特質を反映し，「協働して音楽活動をする楽しさを感じ／味わいながら」としていることや，後半部分では，児童が音楽科の学習で得た音楽経験を，学校生活や家庭，地域社会での生活に生かし，生活を明るく潤いのあるものにすることについて示していることである。

　（1）から（3）で示された資質・能力を育むことができるよう，各学年の内容，内容の取扱い（教材選択の観点），指導計画の作成と内容の取扱いを示している。

3　音楽科の内容

　教科の目標，各学年の目標を実現していくために，音楽科の内容は，「A表現」「B鑑賞」の2領域，および〔共通事項〕で構成されている。「A表現」は，歌唱，器楽，音楽づくりの3つの分野からなる。〔共通事項〕は，表現及び鑑賞の学習において共通に必要となる内容である。今回の改訂では，上記の枠組みで示した音楽科の内容を，ア「思考力，

判断力，表現力等」，イ「知識」，ウ「技能」の資質・能力に対応するように，学年の目標と同様に，2学年のまとまりで示している（図1-2参照）。

　次に示すのは，小学校6年間を通じて育てる内容として，高学年の内容を基にした内容構成である。（　）内は対応する資質・能力である。（　）の記述からわかるように，三つの柱のうち，「知識及び技能」については，イ「知識」とウ「技能」に分けて示している。また，「学びに向かう力，人間性等」については，「知識及び技能」，「思考力，判断力，表現力等」を育成する中で育んでいくものであることから，目標においてまとめて示し，事項に示すことはしていない。

A　表　現

（1）歌唱の活動を通して，次の事項を身に付けることができるよう指導する。

　ア　曲の特徴にふさわしい歌唱表現を工夫し，思いや意図をもつこと。（思考力，判断力，表現力等）

　イ　曲想と音楽の構造や歌詞の内容との関わりについて理解すること。（知識）

　ウ　思いや意図に合った表現をするために必要な次の(ｱ)から(ｳ)までの技能を身に付けること。（技能）

　(ｱ) 聴唱・視唱の技能

　(ｲ) 自然で無理のない，響きのある歌い方で歌う技能

　(ｳ) 声を合わせて歌う技能

（2）器楽の活動を通して，次の事項を身に付けることができるよう指導する。

　ア　曲の特徴にふさわしい器楽表現を工夫し，思いや意図をもつこと。（思考力，判断力，表現力等）

　イ　次の(ｱ)及び(ｲ)について理解すること。（知識）

　(ｱ) 曲想と音楽の構造との関わり

　(ｲ) 多様な楽器の音色や響きと演奏の仕方との関わり

　ウ　思いや意図に合った表現をするために必要な次の(ｱ)から(ｳ)までの技能を身に付けること。（技能）

　(ｱ) 聴奏・視奏の技能

　(ｲ) 音色や響きに気を付けて，楽器を演奏する技能

　(ｳ) 音を合わせて演奏する技能

（3）音楽づくりの活動を通して，次の事項を身に付けることができるよう指導する。

ア　次の(ｱ)及び(ｲ)をできるようにすること。（思考力，判断力，表現力等）

(ｱ)　即興的に表現することを通して，音楽づくりの様々な発想を得ること。

(ｲ)　音を音楽へと構成することを通して，全体のまとまりを意識した音楽をつくることについて工夫し，思いや意図をもつこと。

イ　次の(ｱ)及び(ｲ)について，それらが生み出すよさや面白さなどと関わらせて理解すること。（知識）

(ｱ)　いろいろな音の響きやそれらの組合せの特徴

(ｲ)　音やフレーズのつなげ方や重ね方の特徴

ウ　発想を生かした表現や，思いや意図に合った表現をするために必要な次の(ｱ)及び(ｲ)の技能を身に付けること。（技能）

(ｱ)　設定した条件に基づいて，即興的に表現する技能

(ｲ)　音楽の仕組みを用いて，音楽をつくる技能

B　鑑　賞

（1）鑑賞の活動を通して，次の事項を身に付けることができるよう指導する。

ア　曲や演奏のよさなどを見いだし，曲全体を味わって聴くこと。（思考力，判断力，表現力等）

イ　曲想及びその変化と，音楽の構造との関わりについて理解すること。（知識）

〔共通事項〕

（1）「A表現」及び「B鑑賞」の指導を通して，次の事項を身に付けることができるよう指導する。

ア　音楽を形づくっている要素を聴き取り，それらの働きが生み出すよさや面白さ，美しさを感じ取りながら，聴き取ったことと感じ取ったこととの関わりについて考えること。（思考力，判断力，表現力等）

イ　音楽を形づくっている要素及びそれらに関わる音符，休符，記号や用語について，音楽における働きと関わらせて理解すること。（知識）

　音楽科の学習では，表現及び鑑賞の活動を通して，ア「思考力，判断力，表現力等」，イ「知識」，ウ「技能」に関する内容を相互に関わらせながら，一体的に育てていくこと

第1章　これからの小学校音楽科が目指すもの

が重要となる。したがって，ア「思考力，判断力，表現力等」，イ「知識」，ウ「技能」を別々に育成したり，「知識及び技能」を習得させてから，「思考力，判断力，表現力等」を育成するといった，一定の順序性をもって指導したりするものではないことに留意する必要がある。

4　指導計画の作成と内容の取扱いにおいて配慮すべきこと

「第3　指導計画の作成と内容の取扱い」（以下「第3」と略記）において配慮すべきことについて述べる。

（1）「主体的・対話的で深い学び」の視点から授業改善を図ること〔第3の1(1)〕

　第3の1(1)には，「題材など内容や時間のまとまりを見通して，そのなかで育む資質・能力の育成に向けて，児童の主体的・対話的で深い学びの実現を図るようにすること。その際，音楽的な見方・考え方を働かせ，他者と協働しながら，音楽表現を生み出したり音楽を聴いてそのよさなどを見いだしたりするなど，思考，判断し，表現する一連の過程を大切にした学習の充実を図ること」（下線筆者）が新たに示されている。

　「主体的・対話的で深い学び」の視点から授業改善を図る際，次の点に留意する必要がある。

① 「主体的な学び」「対話的な学び」「深い学び」は，それぞれが独立した視点であること

　この3つは，一体的に育まれるものであるが，主体的な学習や対話的な学習をおこなえば深い学習が実現するといった関係性を示しているのではない。また，必ずしも1単位時間の授業の中ですべてが実現されるものではない。

　題材など内容や時間のまとまりのなかで，たとえば，主体的に学習に取り組めるよう学習の見通しを立てたり学習したことを振り返ったりして自身の学びや変容を自覚できる場面をどこに設定するか，対話によって自分の考えなどを広げたり深めたりする場面をどこに設定するか，学びの深まりをつくりだすために，児童が考える場面と教師が教える場面をどのように組み立てるか，といった視点で授業改善を進めることが求められる。

② 資質・能力が育成されるための，授業改善の視点であること

　「知識及び技能」，「思考力，判断力，表現力等」「学びに向かう力，人間性等」の育成が偏りなく実現されるために，「主体的な学び」「対話的な学び」「深い学び」の視点からの授業改善を図ることが重要である。したがって，「主体的な学び」「対話的な学び」「深い学び」そのものが目的化しないように留意する必要がある。

③「深い学び」の視点に関して，学びの深まりの鍵となるのが「音楽的な見方・考え方」
　であること

　音楽科の特質に応じた，物事を捉える視点や考え方である「音楽的な見方・考え方」は，
音楽科の学びの深まりの鍵となるものである。「音楽的な見方・考え方」を，習得・活
用・探究という学びの過程のなかで働かせることを通じて，より質の高い深い学びにつな
げることが重要である。

④ 従前からの音楽科の学習における本質的な考え方を継承していること

　「思考，判断し，表現する一連の過程を大切にした学習の充実を図ること」は，従前の
学習指導要領の趣旨を生かした授業を実践する際にも大切にされていたことである。この
ことは，これまで大切にされてきた音楽科の学習に関する本質的な考え方を継承している
ことを意味している。

（2）資質・能力の関連を図った題材を構成すること〔第3の1 (2) (3)〕

　表現領域（歌唱，器楽，音楽づくり）においては，ア（思考力，判断力，表現力等），
イ（知識）及びウ（技能）の事項をすべて扱い，適切に関連させるとともに，〔共通事項〕
との関連を十分に図った題材を構成することが必要である。また，鑑賞領域においては，
ア（思考力，判断力，表現力等），イ（知識）の事項をすべて扱い，適切に関連させると
ともに〔共通事項〕との関連を十分に図った題材を構成することが必要である。

　なお，ア，イ，ウの事項に対して，（ア）（イ）（ウ）のように複数の事項を示している
場合については，指導のねらいなどに応じて，複数の事項の中から1つ以上の事項を扱う
ようにする。

（3）「我が国や郷土の音楽」に関する学習の充実〔第3の2 (3) (5)〕

　我が国や郷土の音楽の指導に当たっては，音源や楽譜等の示し方，伴奏の仕方，曲に
合った歌い方や楽器の演奏の仕方などの指導方法を工夫することが大切である。また，こ
れまで第5学年及び第6学年において取り上げる旋律楽器として例示していた和楽器を，
第3学年及び第4学年にも新たに例示に加えていることから，旋律楽器の選択に当たって
は，箏など，無理なく取り組むことができ，我が国の音楽のよさを感じ取れる和楽器のな
かから，児童や学校の実態に応じて，無理のない範囲で選ぶようにすることも大切である。

　このことによって，これまで以上に，児童が我が国や郷土の音楽に親しみ，よさを一層
味わうことができるようにしたい。

（4）言語活動の充実〔第3の2 (1) ア〕

　音楽科の学習において，音楽表現に対する思いや意図，音楽を聴いて感じ取ったことや
想像したことなどを友達と伝え合い，自分の感じ方や考え方等を深めていくためには，言

葉によるコミュニケーションが必要となる。一方，音楽活動は，音や音楽によるコミュニケーションを基盤としたものであり，言葉で表すことが本来の目的ではない。

したがって，言葉によるコミュニケーションが音や音楽によるコミュニケーションの充実につながるように，音楽科の特質に応じた言語活動を適切に位置づけられるようにすることが大切である。

（5）生活や社会の中の音や音楽と主体的に関わっていく学習の充実〔第3の2(1)エ〕

教科の目標の柱書には，「生活や社会の中の音や音楽と豊かに関わる資質・能力」の育成を目指すことが示されている。この目標を実現することによって，生活や社会の中の音や音楽と豊かに関わることのできる人を育てるためには，児童が音楽科の学びと，学校内外における音楽活動とのつながりを意識できるようにするなど，生活や社会の中の音や音楽と主体的に関わっていくことができるようにすることが大切である。

「第3　指導計画の作成と内容の取扱い」には，この他，〔共通事項〕に示す「音楽を形づくっている要素」を内容の取扱いに一括して示し，児童の発達の段階や指導のねらいに応じて適切に選択したり関連付けたりして指導すること，障害のある児童などについて学習活動をおこなう場合に生じる困難さに応じた指導内容や指導方法の工夫をおこなうこと，コンピュータや教育機器を効果的に活用できるよう指導を工夫することなどについて新たに示している。これらの点に配慮することも必要である。

参考文献

国立教育政策研究所（2015.2）「小学校学習指導要領実施状況調査教科別分析と改善点（音楽）」https://www.nier.go.jp/kaihatsu/shido_h24/05.pdf

中央教育審議会（2015.11）「初等中等教育における教育課程の基準等の在り方について」（諮問）http://www.mext.go.jp/b_menu/shingi/chukyo/chukyo0/toushin/1353440.htm

教育課程企画特別部会（2015.8）「論点整理」
http://www.mext.go.jp/b_menu/shingi/chukyo/chukyo3/053/sonota/1361117.htm

中央教育審議会（2016.12）「幼稚園，小学校，中学校，高等学校及び特別支援学校の学習指導要領等の改善及び必要な方策等について」（答申）平成28年12月
http://www.mext.go.jp/b_menu/shingi/chukyo/chukyo0/toushin/__icsFiles/afieldfile/2017/01/10/1380902_0.pdf

文部科学省編（2018.2）『小学校学習指導要領解説音楽編　平成29年7月』東洋館出版。

（津田正之）

第2章

学校教育における歌唱指導

　明治以降の日本の音楽教育，とくに歌唱の教育は，国の方針や政策と深い関係をもってきた。しかし「学校唱歌校門を出ず」という言葉が示すように，子どもたちは，学校以外の生活の場所で国の方針や政策とは異なる「わらべうた」や「流行歌」などを多く歌っていたことも事実である。現在でも，歌を歌うことは娯楽のひとつとして捉えられている。歌は歌わせられるものではなく，歌うものなのである。それでは，現在の学校教育ではどうだろうか。子どもたちは歌を歌っているのだろうか。それとも歌を歌わせられているのだろうか。本章では，学校教育における歌唱指導の歴史を概観し，平成29年版学習指導要領に示された歌唱の技能に言及するとともに，「よい歌唱」とはなにか，その指導のあり方について考える。

1　歌唱指導の歴史

　日本の教育に音楽科が位置づけられたのは明治時代である。明治維新でつくられた新政府は，日本を西欧の列強と肩を並べることのできる国家にするために「富国強兵，殖産興業」をスローガンに近代化政策を掲げた。そこでは，西欧文化の習得がすすめられ，日本の伝統音楽の多くは低級で卑俗なものとされることとなる。1872（明治5）年に頒布された学制において唱歌は，「当分之ヲ欠ク」とされていたものの，1879（明治12）年には文部省内に「音楽取調掛」が設けられ伊澤修二が担当官となる。そして，1881（明治14）年に『小學唱歌集』が発刊され，学校で唱歌教育がおこなわれるようになるのである。『小學唱歌集』には，外国の曲に日本の歌詞をあてはめたものも多く掲載されており，音楽教育は西洋音楽を中心としてすすめられる。しかし，西洋様式の教材をもちいた歌唱指導はおこなわれていたものの，西洋式の発声指導ほとんどおこなわれていなかった。なぜなら，西洋式の発声指導ができる教員がほとんどいなかったからである。したがって，当時の教育現場では，日本音楽の表声（地声）による歌唱がおこなわれていた。さらに，日清，日露戦争が始まると学校のなかでも軍歌が盛んに歌われるようになり，大声で歌うことが定着していく。

　しかし，大正時代に入ると，草川宣雄が頭声発声を，福井直秋が中声発声を提唱したことにより，地声を使わない裏声を使った発声が広がっていく。これは声を弱く歌えばよいのだとまちがった解釈をされたところもあり，弱々しい声で歌うことがよい発声だとされる時代が続くのである。

昭和になると，ラジオやレコードに登場した童謡歌手の地声の影響を受け，単なる弱い声で歌うだけなく音量にも配慮がなされた表現も求められるようになる。また，太平洋戦争の拡大にともない，士気を鼓舞する軍歌調で歌うことが広がっていく。さらに，敵国の音楽を排除し，自国の音楽を樹立する機運も高まる。そして，1941（昭和16）年にはそれまでの「唱歌科」が「芸能科音楽」となる。ここでの発声は「無理のない，自然の話し声を基調とした歌声であって，唱歌を歌う際，音楽的表現を自由になし得る声」と示されている。

戦後になると，CIE（Civil Information and Education：民間情報教育局）主導により，軍歌等を排し，西洋音楽を人々の間に広めようとするいわゆる「音楽の生活化」がおこなわれた。ここでも，西洋の楽曲を中心とした教材による歌唱指導がすすめられることとなる。発声についても CIE が「ヘッドボイス」による指導を求め，1951（昭和26）年の学習指導要領（試案）では「頭声発声」が示される。

昭和30年代，40年代に入るとコダーイ（Z. Kodaly）など，自国の音楽によるソルフェージュ教育などにも注目が集まっていく。そして，教科書にも日本民謡をモチーフとする合唱曲など，日本人の作曲家による楽曲が取り上げられるようになる。発声も，ウィーン少年合唱団やハンガリー少年少女合唱団の影響を受け，頭声だけではない胸声を含んだ頭声的発声へと移行する。そして，1968（昭和43）年の学習指導要領では「ひびきのある頭声的発声」が示されるのである。

一方，これらの発声に対抗する動きもみられる。斉藤喜博は1958（昭和33）年「改訂学習指導要領音楽科について──学習方法からみた問題点」のなかで次のように述べている。「音楽の研究指定校となっている，ある有名な学校のことだが，その学校では子どもも職員もみんな音楽が大きらいになっていた。〈中略〉子どもたちは，機械的な形式的な，しいられ，訓練されている音楽にいや気がさしているのだった。」（斉藤 1958：90）その後，斉藤は教材や指導の変革を訴え，レコード『風と川と子どもの歌』を1970（昭和45）年に出版する。しかし，それは大きな論争を引き起こすことになる。このレコードの歌声について長谷川良夫は「絶叫による〈生活つづりかた〉」，中田喜直は「精薄児による雑唱」と酷評している。これに対し，丸岡秀子や大江健三郎などは，この実践こそ本質的な音楽教育であると斉藤を擁護する立場をとっている。この斉藤の実践は，日本教職員組合の教育研究活動から生まれた民間教育研究運動団体，「音楽教育の会」に大きな影響を与え，群馬や大阪を中心とするサークルでは，感動主義を唱えた合唱指導がおこなわれることとなる。

そして，1977（昭和52）年音楽科学習指導要領の目標に「生涯にわたって音楽を愛好する心情を育てる」が明記される。ここでは「響きのある頭声的発声」が示されているものの，次第に「発声」よりも「感動」をキーワードとする歌唱や合唱の授業も多くおこなわれるようになる。そして，1989（平成元）年の学習指導要領には「豊かな響きの頭声的発声」が示されるが，解説書には，「楽曲によっては，その曲想に応じた表現をするため，他の発声の仕方を取り入れることがより適切な場合もある」と表記される。さらに，1998

（平成10）年には「豊かな響きのある，自然で無理のない声」，2008（平成20）年「自然で無理のない，響きのある歌い方」が示されたのである。

　そして現在，2017（平成29）年に告示された小学校学習指導要領では，歌唱について，① 聴唱や視唱などの技能，② 自然で無理のない歌い方で歌う技能，③ 声を合わせて歌う技能，の3つの技能が示されている。そこで，ここからはこれを具現化するための考え方および指導法について整理する。

2　声を出すということ

（1）声を出すための環境づくり

　声を出すことはコミュニケーションと密接な関係がある。逆にいうと，日常のコミュニケーションが不足しているために歌えなくなることもある。たとえば，幼児期，小学校低学年には歌うことが大好きだった子どもが「友だちに下手だといわれた」「音痴といわれた」「先生に声が汚いといわれた」など，周りとの人間関係で歌えなくなることも少なくない。また，学級のなかの人間関係がうまくいかず，「目立つことをするといじめられる」という理由で，声を出して歌うことができない事例も耳にする。親しい仲間のなかでカラオケを歌うことは好きなのに，学級のなかだと蚊の泣くような声になることもよくある話である。つまり，歌唱指導は集団づくりと大きな関係があるのである。集団のなかで，声を出して，また声を合わせて歌うことができる子どもたちを育てるためには，歌唱指導以前に，子どもたち同士，そうして教師との信頼関係を築いていくことが大切である。お互いを認め合い，支え合うことのできる環境をつくることこそが，歌唱をしていくうえで最も必要な環境である。声を出すことは，歌唱の技能を追求するための土台なのである。みんなと声をあわせて歌うことが楽しくなれば，「もっと上手に歌いたい」「もっといい声で歌いたい」と子どもたち自身の欲求も高くなる。歌唱の技能を磨くのはそれからである。平成29年版学習指導要領に示された歌唱の技能も，まず声を出して歌うことができなければ，習得させることは不可能なのである。

（2）声を出させるための指導方法

　音に反応してダンスをするおもちゃを目にしたことはないだろうか。これらの雑貨を活用することで，子どもたちに音を視覚的に捉えさせることができる。ダンスをする花，空き缶，人形，音に反応して光るTシャツなどのグッズは，雑貨店，電気店，玩具店などで販売されている。また，これらはインターネット上でも購入することができる。

　これらのおもちゃを授業の際にピアノの上，教卓の上，教室の四隅などに置いて歌わせてみよう。そこで，子どもたちに思い思いに声を出させたり，手を叩かせたりして，グッズが音に反応することを確認させ，「おもしろそうだ」と思わせることがポイントである。

第2章　学校教育における歌唱指導

そのうえで，子どもたちに校歌などを斉唱で歌わせる。子どもたちは楽しみながら大きな声を出して歌うであろう。体育館などの広い空間では，おもちゃの位置を少しずつ後ろに下げたり，指揮者が音に反応して光るTシャツを着用して指揮をしたりすることで声の大きさを確認させることもできる。

　大きな声で歌えるようになったら，輪唱やパートナーソングにチャレンジしてみるのもよい。「かえるのうた」などの輪唱は，簡単にハーモニーのおもしろさを味わわせることができる。また，パートナーソングは，違う曲目を同時に歌ってその響きを楽しませることができる。「つられそうでつられない」この感覚を感じて歌うことができるようになれば，子どもたちはつられないようにするために，知らず知らずのうちに声を出し，ハーモニーを楽しみながら歌うことができるようになる。

3　正しい音程とリズムで歌うこと

（1）聴唱・視唱とは

　声を出しただけでは「歌を歌っている」とはいえない。身体から表出した声に，音程やリズム，そして歌詞がともなわなければ，歌を歌っているとはいえないのである。それでは，音程やリズムを習得させるためにはどのように学習をすすめていけばよいのであろうか。これについて，平成29年版学習指導要領解説音楽編では，聴唱や視唱の技能を身に付けることを示している。聴唱とは，楽譜を介在せず，教師の歌，ピアノの演奏などの音源を，耳で聴いて歌うことができる技能である。たとえば，アニメ番組の主題歌やコマーシャルの音楽を覚えて歌ったり，また家の人や友達，先生が歌っている歌を子どもたちが模倣したりして歌っているのが聴唱である。このように聴唱は，誰に教えられることなく，子どもたちが自然に身に付けることも可能な技能である。しかし，なかには正しい音程を聴き取って模倣することが苦手な子どもたちもいる。その場合，「正しい音程で」と指導されても自分自身の歌声が高すぎるのか，低すぎるのか，どこがどのように違っているのかが認識できず，修正ができないことも少なくない。そのうえ，さらに教師や友人に「音痴」などといわれると，ますます人前で歌うことが怖くなり，声をだすことをやめてしまう。このような状況は教育現場でも少なからず見受けられる。このようなことがないように，お互いに認め合うことのできる雰囲気のなかで，正しい音程で歌う技能を身に付けさせていきたい。

　一方，視唱は，楽譜を見ながら歌うことのできる技能である。この視唱は階名を読んだり書いたりする読譜の能力と深い関係がある。しかし，階名が読めることと視唱は同じではない。五線紙に階名が書けたとしても，それを鳴り響く音として再現できなければ視唱は成立しないのである。つまり，楽典的知識のみでなく，音楽的記憶力を身に付けさせなければ視唱はできない。

21

（2）視唱・聴唱の指導

　聴唱を指導するにあたって，正しい音程感を身に付けさせるためには，教師自身の歌声で指導することが効果的である。聴唱，視唱においても，ピアノの音で指導をするよりも，教師の歌声で指導する方が音程を捉えやすい。また，声域が合っていないことが原因で正しい音程で歌えない場合は，移調して子どもの歌える音程に合わせて教師が一緒に歌うことも有効である。なお，移調というとシャープ（♯）やフラット（♭）などの記号が増えるなど，非常に難しく考えてしまうことも少なくないが，現在では，教科書添付の音源をコンピュータやタブレット，スマートフォンに取り込み，アプリケーションを活用することで，カラオケマシンと同様に，簡単な操作で伴奏を移調することができる。これらを活用しながら，教師が子どもと一緒に歌うことで，「音程が合っている」という感覚をつかませたい。「音程が合っている」という状態を認識できるようになれば，友人の声にあわせて歌うこともできるようになる。なお，ピアノは音が減衰するために，正しい音符の長さをキープできない等の欠点ももっている。ピアノではなく，できるだけ教師の声で指導することが望ましい。

　また，音程やリズムを視覚的に捉えさせることも有効である。採点つきのカラオケで音程やリズムを視覚的に確認できる画面を目にしたことがあるだろう。同様のアプリケーションもインターネット上で検索すると，簡単にみつけることができる。ゲーム感覚で，自分は正しい音程やリズムで歌えているかどうかを確認させ，練習させるのもよいであろう。

　視唱を指導するにあたって大切なのは，五線譜にある階名や音名，音符の長さを読む楽典的知識ではなく音楽的記憶力を身に付けさせることである。ここではその一例として，ハンドサインをもちいたソルフェージュを取り上げる。図2−1は，トニック・ソルファ法及びコダーイメソッドにおけるハンドサインである。このハンドサインは各音の性格にあった手の形をしている。指導は次の順序でおこなう。まず教師は簡単な曲をもちいて，ハンドサインをおこないながら，2小節程度，楽譜の範唱をする。次に子どもたちはそれを注意深く聴きながら，ハンドサインとともにその模唱をする。つまり，「範唱」と「模唱」を繰り返すのである。このとき，教師は子どもと一緒に歌わず，子どもの歌に耳を傾け音程の確認をする。これにより，教師のハンドサインのみでも子どもたちは，階名唱をすることが可能になる。つまり，ハンドサインによって音楽的記憶力を呼び覚ますことができるようになるのである。同様に，教科書等に掲載されている「ドレミたいそう」なども，音源にあわせて歌いながら体操するだけでなく，ハンドサインと同様にソルフェージュとしてもちいることによって，音楽的記憶力を身に付けさせることができる。五線譜を階名で読むなどの楽典的指導は，この後におこなっても十分であろう。

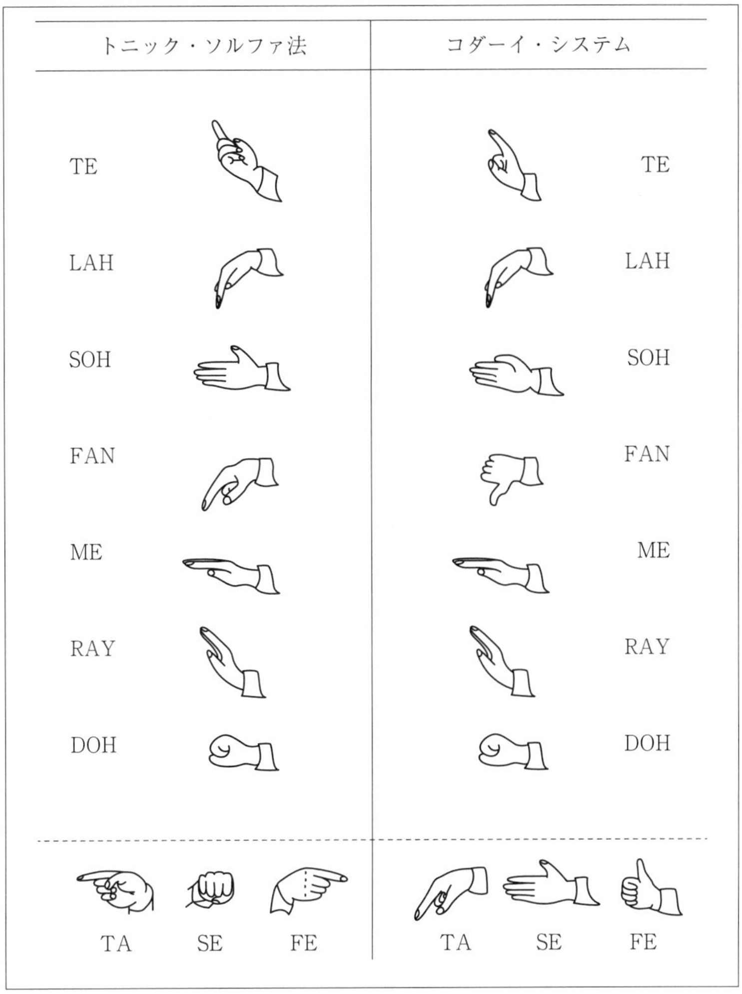

第 2 章　学校教育における歌唱指導

トニック・ソルファ法	コダーイ・システム
TE	TE
LAH	LAH
SOH	SOH
FAN	FAN
ME	ME
RAY	RAY
DOH	DOH
TA　SE　FE	TA　SE　FE

図 2-1　ハンドサイン

（出所）東川（2005：159）。

4　発声指導のあり方

（1）発声の種類と歌い方

　歌唱教育の歴史を概観すると，それぞれの時代の指導で変化しているのは，発声指導である。戦前では「頭声発声」「中声発声」，戦後の小学校学習指導要領では「頭声発声」「頭声的発声」，そして，2017（平成29）年に告示された新学習指導要領では「自然で無理のない歌い方」が位置づけられている。少年少女合唱団や合唱クラブでおこなう指導と学校教育でおこなう指導の最も大きな違いは，この発声指導であろう。

　少年少女合唱団や合唱クラブは，そのほとんどが歌うことが好きな子どもたちによる集団である。声を出して歌うことに否定的な子どもたちはほとんどいない。したがって，学

23

校教育のように声を出させる指導をおこなう必要はなく，指導者が考える「よい声」を目指して，それに合った発声指導がおこなわれる。しかし，学校教育では，「声を出して歌う」ことが先決である。歴史的にみてみても，これを否定し「頭声発声」また「頭声的発声」をすすめたことも音楽嫌い，歌唱嫌いの子どもたちを増加させた要因のひとつとなっている。したがって，学校教育においては，まず，声を出すこと，声をあわせて歌うこと楽しさを味わわせ，「高い声を出したい」「もっときれいな声で歌いたい」「こんな歌声で歌いたい」「もっとハモりたい」と子どもたちの意欲を高め，それから発声の指導に，はいっていきたい。

　それでは「頭声発声」「頭声的発声」，また表声，裏声，地声はどのように違うのであろうか。表3-1は，岩﨑による「発声の概念と発声用語の整理」（岩﨑 1997：96）を筆者が再構成したものである。「fallsetto」「head voice」「Middle voice」はいわゆる裏声，「Chest voice」が表声であることがわかる。これらはどのように歌い分ければよいのであろうか。

　一般的に，西洋の様式による楽曲は，頭声および胸声を使って歌わせる。「星の世界」や「エーデルワイス」などの外国曲は頭声の柔らかい声で歌わせるとよい。文部省唱歌など邦人の作曲家が西洋の様式でつくった曲は，少し芯のある頭声的発声及び胸声で歌わせることが望ましい。また，サンバやポルカ，日本民謡など民族的な音楽をモチーフとしていても，合唱曲として編曲されたものは，共鳴することのできる響きのある声で歌わせることがよいであろう。

　また，近年は教科書にも歌謡曲やJ-popなどの曲が掲載されていることも少なくない。これらは，声域，アレンジ，伴奏を見極めてどのような声で歌うのかを考えさせるのがよいであろう。とくにギター伴奏で楽しく歌うことを目的とする場合は，地声を使ってみんなで楽しく歌わせるのもよい。

　日本の様式による楽曲は，話し言葉の延長である地声で歌わせることが望ましい。小学

表2-1　発声用語の解釈

原語	訳語	発声用語	感覚的用語
falsetto	裏声・仮声	ファルセット・裏声	・あくびをする ・ため息をつく
head voice	頭声	頭声・頭声的	・頭から声をだす ・目に声をあてて ・鼻の中を広げて
Middle voice	中声	胸声	・胸や体全体が広々とした感じで ・腹底からでる
Chest voice	胸声・地声・表声	地声	・喉を抑えつける ・足の裏から出る ・声が口元から落ちる

（出所）岩﨑（1998：96）を筆者が再構成したもの。

校では，「うさぎうさぎ」「こもりうた」「越天楽今様」の共通教材は日本の様式でつくられている。また，いくつかの日本の民謡も歌唱教材として教科書で取り扱われている。これらの曲を地声で歌わせる活動を通して，日本の伝統的な唱法についての理解をすすめたい。

（２）頭声的発声の指導法

　地声は話し言葉の延長であるが，頭声的発声はいわゆる裏声を使った発声法である。この裏声をつかませるには，地声では出すことのできない高い音域の音を使って歌わせることが有効である。そのためには，「かえるのうた」などの簡単な曲を高い音に移調しながら歌わせるとよいであろう。子どもたちは，低い音域では地声を使って歌おうとする。ところが，高音部になると地声では出なくなる。そこで，裏声を使って歌うことにチャレンジをさせるのである。初めて歌う裏声は，とても弱々しいが，腹筋の使い方を指導することで芯のある歌声をつくることができる。へその上をぐっとおさえ，腹筋に力を入れて声を出させるのである。可能であれば，教師が歌って模範を示したり，教師の腹筋を触らせたりすることも効果的ある。当然，最初は，不安定な音程で歌うことになるが，繰り返し練習することで音程をコントロールすることができるようになる。

　また，喉を開けて歌わせることも意識させたい。喉仏に指を当て，あくびをさせると，喉仏がぐっと下に下がるのを感じ取らせることができる。これが喉を開いた状態である。喉仏を意識させ，あくびをしたまま声を出させることで，喉を開けた感覚がつかめるようになる。鏡をみて練習すると，喉が開いた様子を直接確認することができる。

（３）曲種に応じた発声や歌い方の指導

　発声については，小学校の学習指導要領（平成29年）には「自然で無理のない歌い方」と示されているが，中学校学習指導要領（平成29年）には「曲種に応じた発声」と表記されている。したがって，小学校の指導においても，これを念頭におくことは必要である。それでは，「曲種に応じた発声」とはどのような歌声なのであろうか。歌声はジャンルによって異なっている。合唱曲を歌うときの声，日本の伝統音楽を歌うときの声，ポピュラー音楽を歌うときの声，これらに違いがあることは周知の事実である。それでは，これを詳細にみてみよう。合唱曲を例に挙げると，東ヨーロッパの合唱曲の発声，西ヨーロッパの合唱曲の発声，宗教曲の発声，日本民謡を編曲した合唱曲の発声，ポピュラー音楽を編曲した合唱曲の発声など，それぞれの曲種によって発声は異なっている。また，日本の民謡も仕事をしながら歌うのか，娯楽として歌うのか，屋内で歌うのか，ステージで歌うのか，それぞれの状況で，その特徴となる歌い方も異なる。また，フォークロアな民謡を取り扱うのか，歌謡曲として歌われた民謡を取り扱うのか，オペラ風に編曲されたものを取り扱うのか，合唱に編曲されたものを歌うのか，採譜や編曲によっても，その発声はさらに異なる。これは一例であり，現在の教科書には，さまざまなジャンルの音楽が掲載さ

れている。これらすべてのジャンルの歌い方や発声を教師が指導し，子どもたちが自由自在に曲種に応じた発声を歌い分けることは不可能であろう。

そこで，おこないたいのは子どもたち自身に発声を考えさせることである。たとえば，ヨーデルを教材として，表声（地声）と裏声の発声の違いを感じ取らせてみよう。ヨーデルは高音部が裏声で，低音部は表声（地声）で歌われている。これらの音源を聴かせ，どのようにしたらヨーデルが歌えるのかを考えさせ，模倣させることで，表声（地声）と裏声の違いを体験的に理解させることができる。子どもたちは試行錯誤的に，表声（地声）と裏声を使い分けようとするであろう。

また，ひとつの曲の音源を複数準備して，どの声がその曲にぴったりなのかを考えさせるのも有効である。図２－２は日本民謡を題材とするワークシートの一例である。日本民謡はこぶしや囃子詞などの特徴を有しているが，それぞれの特徴は歌い手によって異なっている。民謡の成立した背景を学び，その特徴にぴったりあった声を話し合わせ，「どう

「声や歌い方」

声や歌い方に着目して３つの「ソーラン節」を聴いてみよう。
どんな声？どんな歌い方？どんな感じになっている？

	どんな声や歌い方？	どんな雰囲気になっている？
1曲目		
2曲目		
3曲目		

図２－２　日本民謡の歌い方に着目させたワークシート

すればそのような声が出るのか」「こぶしが歌えるようになるのか」など，インターネット等を活用しながら考えさせ，歌い方や発声を模倣させることが有効である。グループごとに複数の音源の入ったタブレット端末を準備することで，グループで主体的な活動をおこなわせることも可能であろう。

5 音楽的な表現をつくる

　最後に必要なのは「音楽的な表現をつくる」ことである。つまり，音楽表現の工夫をおこなって，音楽のよさやおもしろさを存分に味わわせることである。料理を例に考えてみよう。どんなによい材料を揃えたとしても，調理がうまくできなければ，おいしい料理をつくることはできない。つまり，正しい音程やリズムで，また，美しい発声で歌えたとしてもそれだけではよい音楽とはいえない。このように考えると，音楽表現の工夫は料理の味付けであるといえる。近年，主体的な学習として音楽表現の工夫を子どもたちがおこなう学習がしばしば見受けられるが，残念ながら「強弱」や「速度」などいくつかの音楽を形づくっている要素のみに焦点化しおこなわれていることも少なくない。その原因のひとつとして，子どもたちの音楽経験の不足が考えられる。和食しか食べたことのない料理人に，フランス料理をつくらせることはできない。フランス料理を味わい，料理をした経験がなければ「何の調味料をどのように使うのか」「それはどのような味を醸し出すのか」はわからないのである。同様に，音楽においても「音楽を形づくっている要素がどのような意味をもっているのか」「どのようなよさを生み出すことができるのか」を理解していなければ，表現の工夫をすることはできない。さまざまな工夫をさせるには，子どもたち自身に豊かな音楽経験をさせておくことが必要であろう。日頃から多くの音楽を聴かせたり，演奏させたりする機会を設け，「こんな表現をやってみたい」「どうすればこのような表現ができるのか」を考えることができる子どもたちを育てたい。

6 よい歌唱とはなにか

　学校教育における歌唱は，けっしてプロ歌手を養成することではない。しかし，音楽を専門的に学んだ教員，また，音楽経験を有している教師は，ともすれば自分の音楽観による，一方的な指導をおこなっていることも少なくない。コンクールで優秀な成績を収めた合唱部の子どもが，「もう二度と合唱クラブには入らない」という話を耳にすることがある。つまり，教師にとっての「よい歌唱」は，子どもたちにとっての「よい歌唱」とは限らないのである。曲種に応じた発声においても，たとえば，授業にゲストティーチャーを招聘し，長唄の発声や歌い方を教え込んで歌わせることが「よい歌唱」とは限らない。長

唄が生まれた背景を知り，「この発声がぴったりだ」「こんな風に歌いたい」このように，子どもたちが考えて歌わなければ，長唄も歌わされた歌でしかない。「よい歌唱」とは歌うことを楽しみ，そのよさを感じ取って自ら歌う子どもたち自身がつくっていく歌唱なのではないだろうか。

参考文献

岩﨑洋一（1998）『小学生の発声指導を見直す』音楽之友社。

セーニ・エルジェーベト「『コダーイ・メソード』による音楽教育」『コダーイ・システムとは何か　ハンガリー音楽教育の理論と実践』全音楽譜出版社。

小畑千尋（2011）「私も本当は歌いたい！——音程を正しく歌えない子どものために」『教員養成課程小学校音楽科教育法』教育芸術社，19。

木村信之（1987）「音楽教育『昭和，あの時』真篠将（その二）」『教育音楽小学版1月号』第41巻1号，音楽之友社，58。

吉川英二（1989）『日本音楽文化史』創元社。

斎藤喜博（1958）「改訂指導要領音楽科について——学習方法からみた問題点」『小学校音楽科の新教育課程』国土社，90-107。

志民一成・早川倫子・今川恭子（2016）「学校の歌は何を目指してきたか，何を目指していくか」『音楽を学ぶということ——これから音楽を教える・学ぶ人のために』教育芸術社。

城佳世（2014）「基本としての歌唱指導」『音楽の授業をつくる——音楽科教育法』大学図書出版，15-21。

園部三郎・山住正巳（1962）『日本の子どもの歌』岩波書店。

東京芸術大学音楽取調掛研究班（1976）『音楽教育成立への軌跡』音楽之友社。

中村紗和子（2015）「『音楽教育の会』と丸山亜季の保育実践——『リズム表現』の実践を中心に」『音楽学習研究11』音楽学習学会，89-98。

野村幸治（1995）「改訂指導要領音楽科について——学習方法からみた問題点　斎藤喜博　解説」『音楽教育を読む』音楽之友社，143。

東川清一（2005）『読譜力　伝統的な「移動ド」システムに学ぶ』春秋社。

（城　佳世）

第3章

器　楽

　音楽科の領域のうち，音楽を実際に奏でる活動の一つが器楽である。器楽活動の意義は，楽器の使用により音楽の幅が広がり，合奏という社会的経験が展開でき，多様な音や音楽文化にふれるきっかけとなり，また楽器が音楽と人をつないでくれるところにある。どのような楽器や教材を用いるかは，学校の実態や児童の様子をみて学校や教師が判断できる。発達段階を考慮して，技能の習得がうまくいくよう，扱う楽器の特性と児童がクリアすべき課題をよく理解しながら，「できる」体験を演奏の楽しさと喜びにつなげていきたい。指導に際しては，楽器を扱う上でのルールを徹底するほか，つまずきがちなポイントをおさえながらその時々の課題を見きわめること，単に音を並べることをゴールとせず，より美しい音を追究し，音楽的な表現に生かすことにも気を配りながら指導していきたい。

1　器楽とは──器楽活動の意義

　表現領域の器楽の活動は，楽器で曲の表現を工夫し，思いや意図をもって演奏するものである。楽器で演奏されていれば，一人での演奏 (独奏) でも，少人数の演奏 (たとえば重奏) でも，あるいはより大きな人数でのアンサンブル (合奏) でも，どれもが器楽である。また，歌唱が伴っていても楽器での演奏がメインとなる場合には「器楽」と分類されることがある。器楽活動をすることの意義とは何だろうか。子どもたちにとって，また，より広く，人間にとって，楽器で演奏することにはどのような意義があり，「よさ」があるのだろうか。

（1）音楽の広がり・多様さ
　ひとつには，多彩な音楽を展開し，体験することができる，ということが挙げられる。楽器（英語では musical instrument），すなわち音楽の道具によって，声とは異なる多様な音色，そして音域の音を鳴らすことが可能になる。さらに，音をつくるうえでの自由さも増える。声ではなかなか難しいが手の動きでならできるような，複雑な，もしくはダイナミックな音の動きを表現することも，また楽器によっては，1人で複数の音をつくり出すこともできる。音色，音域，音の動きの可能性がひろがることで，音楽の幅がぐんと広くなることが，楽器をもちいた音楽，器楽の活動をすることの第一の意義だろう。

（2）楽器が音楽と人をつなぐ
　楽器は音や音楽を「つくり出すこと」と「理解すること」の両方を助けてくれる。楽器

の演奏は，演奏する人自身がその演奏動作を視覚的に確認できる場合も多く，またそうで
なくても，より意識的な動作で成り立つ。また，たとえば鍵盤楽器やリコーダーなどでは，
きまった動作ができればそれに対応した音高を鳴らすことができる。こうした動作の視覚
化，意識化，あるいは規格性などが，音楽のさまざまな側面，たとえば音高や音階，メロ
ディーの形などの理解を助けてくれたり，あるいは音のイメージが少しあいまいでも，そ
れを明確な形で音にしてくれたりと，音楽と人をつないでくれる。このことはさらに，ア
イデアを音にする活動，つまり，創作や即興的な演奏の大きな助けにもなる。

（3）多様な文化にふれる媒体としての楽器

さまざまな楽器が，ときにさまざまな文化にふれるための媒体となることも，楽器を用
いることのよさのひとつである。日本各地，また世界各地の道具がどれもその習慣や文化，
あるいは気候風土などを反映しているように，楽器にもそれらが反映されている。文化が
音楽に求めるものが異なれば，その音や奏法もそれに応じて異なる。さまざまな文化圏の
楽器にふれ，音を出すことで，その「音」観，音楽観の一端にふれる体験ができるだろう。

（4）音楽の「道具」の利用が与えてくれる力

楽器という「道具」を使ううえでの新たな技能を得ること，得ようとすることは，私た
ちに新しい力を与えてくれることでもある。たとえば自分が鳴らしてみたいと思った音を
思った通りに演奏できるようになることは，「できる」ことが増えることでもある。これ
がその人に，ひとつの達成感を与え，自己効力感をもつことにもつながるだろう。また，
できるようになるための練習の過程やその後の創意工夫の段階で，工夫や努力をすること
が，生活のさまざまな場面で，「新しい能力」を身に付ける際に生かされる体験となるだ
ろう。

（5）合奏により得られる社会的な体験

さまざまな音の出る楽器で，仲間とともに合奏をすることは，タイミングを合わせたり，
音色や音高をより調和させたりしながら，なおかつ自身の役割に責任をもって，ひとつの
音楽をつくりあげる，一種の社会的な経験でもある。合唱したり，あるいは皆で同種の楽
器を演奏したりすることには集団の一体感という魅力があるが，自分のパートが音楽的に
どんな役割をもっているのかを実感しながら，各々の楽器で，皆がそれぞれの役割を担当
し，それによって多彩な音色に支えられた合奏が完成する体験もまた，器楽分野ならでは
の社会的体験といえる。さらに，全体のバランスや構成を考慮することができれば，音楽
の全体像を俯瞰的にみて理解することにもつながり，あるいは「皆でするものごと」を俯
瞰的にみて理解する経験にもなる。このような他者との交流や共同作業が，多数のなかの
１人であるという実感に加えて，社会的つながりを感じたり，構築したり，維持・改良し
たりする経験をもたらす。

（6）「楽器の特性を理解して使う」ことの大切さ

　器楽活動の意義については最後に，楽器という「もの」を扱うことにも注目してみたい。楽器は，演奏する人にとっては，音を出してくれる道具であり，ときにはあたかも体の一部であるかのようにさえ感じられる重要なものである。この楽器を大切に扱い，しくみを理解しながら手入れをして，自分の思った通りに使えるようにしていくことは，音への理解を深め，また，音楽を愛好する心情を強めることにもつながるだろう。

2　学習指導要領にみる器楽

　器楽は「A　表現」の一分野である。その内容を示したのが表3-1である。

　アは「思考力，判断力，表現力等」に関する事項，イは「知識」，ウは「技能」に関する事項である。いずれも，子どもたちの発達の段階や学習の系統性を踏まえた表記となっている。

　アは，今回の学習指導要領改訂（平成29年）で示された表現の3つの資質・能力のうち「思考力，判断力，表現力等」に相当する部分で，他の表現領域（歌唱，音楽づくり）と

表3-1　平成29年版小学校学習指導要領「第6節　音楽，第2　各学年の目標及び内容」より

	〔第1学年及び第2学年〕	〔第3学年及び第4学年〕	〔第5学年及び第6学年〕
（2）	器楽の活動を通して，次の事項を身に付けることができるよう指導する。		
ア	器楽表現についての知識や技能を得たり生かしたりしながら，		
	曲想を感じ取って	曲の特徴を捉えた	曲の特徴にふさわしい
	表現を工夫し，どのように演奏するかについて		
	思いをもつこと。	思いや意図をもつこと。	
イ	次の⑦及び⑦について		
	気付くこと。		理解すること。
（⑦）	曲想と音楽の構造との関わり		
（⑦）	楽器の音色と	楽器の音色や響きと	多様な楽器の音色や響きと
	演奏の仕方との関わり		
ウ	思い	思いや意図	
	に合った表現をするために必要な次の⑦から⑦までの技能を身に付けること。		
（⑦）	範奏を聴いたり，		
	リズム譜などを	ハ長調の楽譜を	ハ長調及びイ短調の楽譜を
	見たりして演奏する技能		
（⑦）	音色に	音色や響きに	
	気を付けて，旋律楽器及び打楽器を演奏する技能		
（⑦）	互いの楽器の音や	互いの楽器の音や副次的な旋律，	各声部の楽器の音や全体の響き，
	伴奏を聴いて，音を合わせて演奏する技能		

も内容が一致している。全学年を通して，器楽表現についての知識や技能を得たりしながら，「表現を工夫」し，どのように演奏するかについて「思い」（1・2学年），「思いや意図」（3～6学年）をもつことが掲げられている。これらは演奏という行動をするそもそものスタートでもあり，演奏が演奏として成り立つうえで，なくてはならないものである。1・2学年では，「思い」とされているのに対し，3学年以上でそこに「意図」が加わる点からは，明確に意識化して，理解したり考えたりしながら「このように演奏したいという考え」をもつことが求められていると考えることができるだろう。

イは，「知識」に関する事項である。(ア)は歌唱とも一致しており，表現領域でより広く学ばれる知識といえる。(イ)は器楽分野独自の内容で，音色や響きの多様性は，「器楽の意義」にも挙げた器楽のよさである。楽器によって，また演奏法によっても，音色や響きが異なったりそれらを変えられたりすること，また，それをさまざまに組み合わせ合奏を織りなしたり，あるいは楽器のしくみや素材などによって異なる音の多様性を知ることは，器楽の活動で得られる，重要な聴覚の知識だといえるだろう。

ウは，「技能」に関する事項である。(ア)は，音楽のリテラシー能力に関する部分で，歌唱とも共通して，1・2学年ではリズム譜，3・4学年ではハ長調の楽譜，5・6学年ではそこにイ短調の楽譜が加わっている。(イ)・(ウ)は，器楽の独自色がより強いパートで，音色，音色と響きに気をつけて演奏する技能を挙げている。低学年と中・高学年で，「音色」とするか「音色と響き」とするかが変わってくるのは，イの(イ)と同様である。(ウ)は，アンサンブルの技能について述べている。学年が上がるにつれて，演奏に際して聴くべきものが増えていく。これは年齢に応じた発達により聴ける力が上がっていくことに加えて，扱う教材がより複雑なものになっていくことも同時に反映しているといえるだろう。

3 小学校で演奏される楽器たち

小学校の器楽の授業において，自身の小学校時代を思い返してみると，鍵盤ハーモニカやリコーダーなどを演奏した記憶のある人が多いことだろう。まずは，ここでも学習指導要領がどのように扱う楽器を挙げているかをみてみたい（表3-2）。

ここでは，打楽器と旋律楽器という分類で，取り扱う楽器に関する考え方が示されている。打楽器に関しては，「木琴，鉄琴，和楽器，諸外国に伝わる様々な楽器を含めて」，としつつ，具体的な楽器名をここでは挙げずに，演奏効果や実態を考慮して選択するようにと述べられている。木琴，鉄琴は，旋律も演奏できる打楽器なので，どちらの分類の楽器とも考えることができる。旋律楽器では，いくつかの楽器が挙げられているが，「児童や学校の実態を考慮して選択すること」と，やはり学校や教師にある程度委ねられている。挙げられている楽器に関しては，演奏動作がより複雑であったり，その機能が発展的であったりする楽器がより高学年で示されており，児童の実態をどのように考慮するかが例

第3章 器 楽

表 3 - 2 　平成29年版小学校学習指導要領「第 3 　指導計画の作成と内容の取扱い」より

（5）各学年の「Ａ表現」の（2）の楽器については，次のとおり取り扱うこと。		
ア　各学年で取り上げる打楽器は，木琴，鉄琴，和楽器，諸外国に伝わる様々な楽器を含めて，演奏の効果，児童や学校の実態を考慮して選択すること。		
イ　第1学年及び第2学年で取り上げる旋律楽器は，オルガン，鍵盤ハーモニカなど	ウ　第3学年及び第4学年で取り上げる旋律楽器は，既習の楽器を含めて，リコーダーや鍵盤楽器，和楽器など	エ　第5学年及び第6学年で取り上げる旋律楽器は，既習の楽器を含めて，電子楽器，和楽器，諸外国に伝わる楽器など
の中から児童や学校の実態を考慮して選択すること。		
オ　合奏で扱う楽器については，各声部の役割を生かした演奏ができるよう，楽器の特性を生かして選択すること。		

示されているともいえる。なお，今回の改訂では，中学年で扱う旋律楽器の例示に和楽器が加えられた。合奏で扱う楽器についても，具体的な楽器名は挙がっていないが，各パートの役割に合うよう考える必要性が示されている。

　それでは，より具体的に，小学校ではどんな楽器が扱われるだろうか。小学校の音楽室に並ぶ楽器は，比較的大きなものでは，木琴，鉄琴などの音板楽器，小太鼓，大太鼓，ティンパニ，コンガ，ボンゴなどの膜鳴楽器，その他，タンブリン，トライアングル，鈴，カスタネット，シンバル，クラベス，マラカス，ギロ，カウベルなど，実に多様なものが思い浮かべられる。

　多くの学校で，子どもたちが各々購入して長期間使用する代表的な楽器が，現在は鍵盤ハーモニカとソプラノリコーダーだろう。これらの楽器のよさは，音を出すことが容易ながら表現力が豊かであったり，比較的コンパクトに持ち歩くことができたり，あるいは教育用楽器として定着していることとも関係して，比較的安価に入手できるなどの点である。

　和楽器として，小学校でより頻繁にふれられるのはたとえば箏だろう。箏も，音を出すことそのものは比較的容易でありながら，日本の楽器らしい音色に身近に触れられる楽器である。上記のほかに，体を楽器にするボディパーカッション，身近な素材で作る手作り楽器，その他（たとえばウクレレのような）小型の撥弦楽器なども適しているかもしれない。用いられることが珍しい楽器でも，学習に適した楽器，扱いやすい楽器をみつけることができたら，それらを導入することには大いに価値がある。

4　器楽の教材

　それでは，実際に取り扱う楽曲や音楽的素材にはどんなものが挙げられるだろうか。学習指導要領「3　内容の取扱い」では，表3-3のように示されている。

表 3 - 3　平成29年版小学校学習指導要領「3　内容の取扱い」

第 1 学年及び第 2 学年	第 3 学年及び第 4 学年	第 5 学年及び第 6 学年
（2）主となる器楽教材については，		
既習の歌唱教材を含め，		楽器の演奏効果を考慮し，
主旋律に簡単なリズム伴奏や低声部などを加えた曲	簡単な重奏や合奏などの曲	
を取り扱う。		

（1）既習の歌唱教材と演奏効果

　第 4 学年までは「既習の歌唱教材を含め」とされている。ここにはすでに歌える曲を器楽教材にもすることが学習を助けるという視点があるだろう。たとえば，その曲がどんなメロディーで，どんな拍節・リズム感をもっていたか，別の機会にすでに体験することができていれば，そのような曲を今度は楽器で演奏するのだという意識で目的を明確にもって取り組むことができる。また，演奏動作の習得に集中しなくてはならない場面があったとしても，動作に注意を向けるあまりその曲がどんな音楽かというイメージを置き去りにすることがないという点も，既習の歌唱教材を利用することの良さである。一方高学年では，それよりも，各楽器のその楽器らしさが生かされ，奏法の習得への努力の結果がより明確に，また魅力的に聴いて取れるような，音形や編成の曲を選びたい，と考えるとよさそうだ。

（2）演奏の編成

　1・2 学年では「主旋律に簡単なリズム伴奏や低声部などを加えた曲」を，第 3 学年以降では「簡単な重奏や合奏などの曲」を取り扱う，とされている。低学年では「主旋律」がメインで，そこに伴奏が添えられるというニュアンスだ。児童のなかからリズム伴奏をする子に出てもらってもよいし，教師が伴奏を担当してもよい。一方，中学年以上では重奏，合奏と明記されている。主旋律以外のパートにもそれなりの存在感がある，複数のパートで構成されたアンサンブルをしたい，と考えるとよさそうである。

（3）魅力的でやりがいのある器楽教材を

　学習指導要領の基準を参考にしながら，児童や学校の実情に合わせて考えていくことが重要である。5・6 年生の器楽教材としてふさわしい既習の歌唱教材もありうるし，低学年の子どもたちの意欲や興味をひきつける重奏曲もあるかもしれない。実際に，どのように教材を選ぶのが良いだろうか。選び方のポイントのひとつは，現段階で身に付けたい演奏技能を学べるような要素を含み，今すぐにはできないところがあっても「できそう！」と感じさせるという，技能的な難易度の調整である。技能的に難易度を調整しながら，親しみやすい曲を選ぶとよいだろう。鍵盤ハーモニカやリコーダーの学習の初期には，必要

第3章　器　楽

な音の少ない楽曲から取り上げることになる。限られた音（1〜5音程度）のロングトーンや，タンギングの練習を兼ねたシンプルな音型に，さまざまなリズムパターンとコードで刻む伴奏をつけていくと，ごく限られた初歩的な技能でも演奏を楽しむことができる。また，歌の一部分，たとえば，「かくれんぼ」（作曲：下総皖一，作詞：林柳波）のかけ声の部分，「虫のこえ」（文部省唱歌）の虫の声の部分などを1人ずつもしくはグループごと交代で演奏し，その他の部分は歌う，という形をとることもできる。音楽の幅を広げていきたい場合は，各楽器の音色や奏法を考慮しながら，民謡や伝統音楽，踊りの音楽や，映画音楽，クラシックの音楽など，日本や世界のさまざまな音楽文化にふれられるよう配慮したい。そうすることで，合奏が完成したときの達成感の大きさもより期待できる。

　いずれにせよ，適切な難易度・編成で編曲された楽譜を入手できればそれを利用できるが，楽器編成や技能，演奏時間などの面で，適宜調整した方がよいという場合も多いだろう。その際はとくに，教師が子どもたちの状態や状況などに合わせて編曲することで，教材研究をしつつベストな教材を用意することができる（高見2010：88）。

5　各楽器の指導に際して

（1）授業での約束・ルール

　学校において，道具や材料などの「もの」を用いる授業ではいつでも，授業での約束やルールを決めておくことがとくに重要であり，なかでも道具を安全に，また大切に使うことは不可欠だ。音楽においてその道具とは，楽器である。楽器は，ときに振り回して遊びたくなるような大きさや形状かもしれない。しかし，声と同様に出したい音を出してくれる「一人ひとりの体の延長」として位置づけ，その楽器に最初に触れるときから丁寧に扱い，むやみに他のものにぶつけたり落としたりしないように意識させたい。また，たとえば，楽器を一旦どこかに置くときにはどのような場所にどのような角度で置くのが安全かつ衛生的かなど，トピックによっては子どもたちにも一緒に考えさせて，約束しておきたい。

　また，楽器は大きな音が出るため，個人練習やグループ活動を始めると，その後，何かを伝えたり次の活動に移ったりしようとしても，指示が聞こえるレベルまで静かにさせるのに大変な労力と時間がかかることがある。そこで，たとえば教師が「手を○回叩いて手を上げたら」「特定の楽器で決まった音を鳴らしたら」音を鳴らすのをやめる，というようなルールを年度のはじめに決め，それを尊重する意識を維持させたい。

（2）打　楽　器

　打楽器には，スティック，マレットやばちなどで打つ楽器と，楽器を手で打ったり振ったりするものがあるが，いずれも手に持つもの（打つもの，あるいは楽器）のもち方，構

え方，把持する強さ，打つ（振る）動作とその直後の動作などが音に影響する。どの楽器でも，手に持つものを安定して保持できるほどよい力加減で持つこと，打つ（振る）際には，手首や肘の関節のしなりをうまく利用すること，打った後には押さえつけずに，自然に最初のかまえに戻ることは，良い音を出すための共通した原則である。

　タンブリンを打つ場合，左手（非利き手）で楽器を持ち，右手（利き手）で楽器を打つが，ここで間違いが多く注意したいのは，左手の指を楽器の穴に入れないことである。指を穴に通したまま無理に演奏すると，ときには指を傷めるなどの危険もある。左手では親指を上（膜）側に，他の指が枠の内側に当たるようにして保持し，右手では枠や膜を打つ。楽器をどのような角度にして，どこを打つとどのような音がするか，探求するような学習活動を取り入れるのも良いだろう。

　打楽器は単純なものに思われがちであるが，打ち方や振り方で多様な質感の音を出すことができる。その表現力に気づけるような活動を取り入れ，音を聴く力をつけていきたい。

（3）鍵盤ハーモニカ

　鍵盤ハーモニカは，最初に自分の楽器として購入して使用される代表的な楽器でもあり，とくに楽器の準備や片付けなどについては丁寧に指導したい。ホースや歌口がはずれないよう，しっかりと取り付けること，つば抜きをする際には，ホースや歌口をはずし，ジョイント部に布をあてて静かに水滴を落とすこと，ホースや歌口は定期的に洗う，水気をしっかりと拭き取るなどして，衛生的に保つことなどを，何度も確認しながら定着させたい。また，ホースを取り付ける際のコツとして，まずホースが真上に来るようにジョイント部に差し込んだ後，手前に45度ほどの角度を付けるように回転させると，ホースが抜けにくい（高見 2010：73）。

　楽器の構え方としては，ホースで吹き込むタイプの構え方と，歌口を直接本体に付け，楽器を縦に持って演奏する構え方がある。学習の初期には少なくとも，鍵盤面を見ることができるホースでの演奏が易しいが，学習が進んだ後にも指の構え方に制限が少なく，少し複雑な演奏も安定的にできるよさがあるため，必ずしもより難しい縦持ちに切り替えなくてはならないというものではない。一方，弾き方・構え方に制約がある分，楽器が安定し，より狭いスペースでも弾くことができるなどのメリットがあるのが縦に持って弾く奏法である。どちらが適しているかは，曲や演奏形態などをみて判断しよう。

　演奏技能には，呼気のコントロールやタンギングなど，息がどう吹き込まれるかに関連した要素と，鍵盤の配置を理解して，運指を適切におこなうという要素の大きく分けて2つがあり，実は学ばなくてはならない技術的要素は少なくない。

　座奏でも立奏でも，安定した呼気を供給できるような自然で無理のない姿勢をとること，肺を四方八方に広げるようにして蓄えた息を，一定のスピードで吹き込んでいくことが，第一の課題である。さらに，タンギングができるようにすること，また同じ音を連打する場合，指の連打ではなくタンギングで音を区切ることで歯切れよく，苦しくなく演奏でき

第 3 章 器　楽

ることなども学ぶことができるとよいだろう。ただし，鍵盤ハーモニカの同音反復の奏法には指を使うものもある（松田 2016：52）ため，児童の実態や曲の特性をふまえて指導しよう。

　運指に関しては，鍵盤（キー）の配置を理解し，必要なキーに運指して吹くことができるようにする必要がある。運指としては，5 指を一定の位置に置いて，どの指で押鍵すればどの音が出るかが決まってくるような楽曲を初期には選ぶとよい。決まったポジションでの演奏に慣れたら，手のポジションが移動したり，あるいは指かえなどが必要となったりする曲にも取り組んだりしていく，というのが原則的な進め方である。一方で，押鍵する「指」で音がきまるのではなく，どの位置のキーを押すかが音の高さを決めるのだ，という感覚をさらにその前に育てておくことは，以後，他の楽器にも鍵盤演奏技能を転用できるようにするうえでも意義がある。ここでは，「右側ほど高い音が，左側ほど低い音が鳴る」という鍵盤の原則に学習の初期に親しむ活動を提案してみたい（次頁）。

（4）リコーダー

　リコーダー導入時には，まったく新しい技能を身に付けなくてはならないように思われるかもしれないが，息のコントロールやタンギングの面では歌唱や鍵盤ハーモニカで学んだ技能を生かすことができる。そのままの感覚ではうまくいかないかもしれないが，そのようなときは，舌のあて方や息の吹き込み方が強すぎないか，確認してみよう。一方，実際に新しいチャレンジであるのが楽器の構え方と，運指である。運指では，鳴らしたい音のキーを押鍵できればその音が出せた鍵盤楽器と違い，1 つの音高を出すために複数の指が適切に対応する穴を押さえていなくてはならない。この運指をうまく実現するためにも，楽器をうまくかまえる（持つ）必要がある。右手の親指と，歌口をくわえる口の主に下唇（および運指にもよるが小指）で，楽器を落とさずに持てる程度のちょうどよい力加減で持つことができているか，ということがポイントとなる。この力加減の調整は子どもたちにとっては実は難しいものである。さまざまな年齢の子どもたちが，小さな物体を落とさずにうまく持ち上げることができるかを調査した実験（木下ほか 1992）では，ちょうどよい力加減にスッと調整してものを持つ運動制御ができるようになるのが，ちょうど小学校の低学年の年代（6 歳から 8 歳頃）だということがわかっている。リコーダーを初めて吹く児童は，まさにそういったことができるようになって間もない年齢なのである。力が入りすぎてしまっている児童がいたら，必死になってしまっている本人にかわって，大人や周りの仲間が，どのあたりに力が入っているかを観察して，優しく指摘するとよい。余計な強い力を少しずつ抜いていきながらも必要な力を残すバランスをとることで，運指がうまくできるようになったり，より柔軟に楽器を構える角度などを調整したりする余裕が生まれてくる。こうして，必要な運指や構えの運動制御が「できる」感覚を覚えていくことができれば，この先さらに指先のコントロールが複雑であったり繊細であったりする楽器に出会ったときに対処する力にもつながっていくだろう。

37

「音のたかい，ひくいを鍵盤ハーモニカで体験しよう」（対象学年：第1学年）

	○学習内容・学習活動	・指導活動
第1時	○より高い音を空間的な「高い」位置に，低い音を空間的な「低い」位置に感じられるようにする。 ・鳴らされる音の高さ，低さに応じて，高い音には両手を上げて飛び上がり，低い音にはしゃがみ込む体の動きで反応する。 ・中ぐらいの音域や，やや高い，やや低い音域などに対応する「位置」を考え，徐々に細かな「感じ分け」が出来るようにする。	・ピアノや様々な打楽器で高い音域，低い音域の音を鳴らす。体の動きで反応するように指示する。 ・高さ，低さを逆にとらえている児童がいた場合は，その感覚も認めつつ，音楽の「高い」「低い」の呼び方の習慣を伝え，それに沿って反応してみるよう提案する。 ・慣れてきたら，中ぐらいの音域など，様々な高さの音を鳴らし，その音域に合った「位置」を考えさせてもよい。
	○鍵盤の右端近くでは高い音，左端近くでは低い音が鳴ることに気づく。 ・グループを作り，一人ずつ順に，鍵盤の右端近く，もしくは左端近くを握りこぶしで弾いて，他の児童はそれに合わせ，先ほどと同様の体の動きで反応する。	・グループを作らせ，先ほどのピアノや打楽器音のかわりに鍵盤ハーモニカで高い音や低い音を弾かせる。グループごとに，他の児童の弾いた音の高さに反応するよう促す。 ・「高さ」「低さ」を大まかに感じるために，あえて握りこぶしで音のクラスタを弾かせる。 ・右の方，左の方のどちらに，「高い音」「低い音」があったかを尋ね，理解できているか確認する。
	○鍵盤の右側ほど高い音，左ほど低い音が鳴ることを感じ取る。 ・右端の音から左へ向かって一音ずつ弾いていく。その際，一音につき一歩ずつ歩きながら，徐々に膝を屈曲させ腰を落としていき，音が右から左へ「下がっていく」ことを感じる。 ・その後，しゃがみこんだ状態から徐々に立ち上がっていくようにして歩きながら，鍵盤ハーモニカでは左から右へ向かって同じくキーを弾いていく。音が左から右へ「上がっていく」ことを感じる。	・まず人差し指1本で，鍵盤の右から左へ，また，左から右へ，順番に弾いてみるよう指示する。 ・次に，教室の机や椅子をどけておき，教室の右端から左端へ向かって歩かせる。 ・立った状態で鍵盤ハーモニカを構え，歩きながら弾かせる。鍵盤がよく見えるよう，卓奏用パイプ（ホース）を使い，楽器は水平もしくは斜めに構えさせる。児童どうしがぶつからないようスペースを十分に取り，安全面に配慮する。 ・前後に長い列を作り，順にスタートさせていくのもよい。
第2時	○様々な高さの音をよく聴きながら，今日の自分の「お気に入り」の音を探す。	・前時の活動をふりかえらせたのち，たくさんあるキーの中から音をよく聴いて今日の自分が好きな音を探させる。
	○これまでに体験した音の要素を組み合わせて，曲を演奏する。右側ほど高く，左側ほど低い音が鳴る鍵盤の構成を，演奏を通して感じる。 ・「たかいおと，ひくいおと」を演奏する。	・伴奏と鍵盤ハーモニカパートを交互に弾きながら，範奏・範唱したのち，ワンフレーズずつ聴奏させる。 ・「うた」の部分は，教師のみが声がけとして歌ってもよいし，児童と一緒に歌ってもよい。

たかいおと，ひくいおと

作詞・作曲 大澤智恵

第3章 器 楽

　このほかにつまずく子が多く注意したいのは，高音部（高い「ミ」以上）で出てくる「サミング」である。「穴を半分開ける」というよりも，「少しすき間をつくる」「髪の毛一本分開ける」というイメージでコツをつかませるとよい（千田 2012：28, 53）。

　また，（ときに教師にとっても）難しいのは，安定した美しい音を出すことである。呼気の強さを「ほどよく」，そして一定に保ち，安定したピッチで吹くための呼気のコントロールは，リコーダーでは（他の管楽器に比べても特に）繊細さが必要になる。腹筋だけでなく，さまざま筋肉（背筋や臀筋）を使って支え，立奏のときは膝を過伸展にせず可動性を残しておくことなどともあわせて，うまくコントロールできる姿勢と力加減をみつけたい。教科書の写真などで示されたお手本を参考にしつつも，単にまねるのではなく，力まずに安定的に息を使えることを「一人ひとりが実感できる」ことをより大切にしたい。

　また，豊かな響きのある音のために，たとえば喉や口腔など呼気の通り道も楽器の一部と考えて，あくびをするときのように広くあけておくことも効果的である。身体をどのように使うとどんな響きが出るか，曲のどこでどんな音を出したいと思うか，そのためには身体をどう使えばよいか，といったことの追究は，より深い音楽・器楽の学びにつながる。

　鍵盤ハーモニカやリコーダーは単純にみえてさまざまな演奏動作の要素でコントロールのできる表現力のある楽器であり，なおかつ，携帯性に優れているという長所がある。学校教育の範囲にとどまらず，長い期間にわたって愛好してほしい楽器でもある。

（5）電子楽器・デジタルデバイス

　近年，ますますデジタルな楽器の活用可能性が広がっている。電子ピアノ・オルガンやシンセサイザーのような電子楽器に加え，タブレットなどを用いた仮想楽器での演奏も可能になっている。電子楽器では，未習得で音を安定的に出すのが難しい楽器の音色でも，鍵盤の演奏さえできればその音での演奏を楽しむことができる。アンサンブルの幅が広がり，その音色に親しむことで今後始めてみたいと思える楽器をみつけることができるかもしれない。また，タブレットなどの端末を用いた仮想楽器（たとえば，iOS の Garage-Band など）は，画面のタッチやスクロールによって各種楽器の奏法を模した動作で演奏できることに加え，限られたコード（和音）のみが演奏できるモードでは簡易に伴奏付けをすることもできる。こうした機能は，各楽器に特有な技能の習得とは独立した形で，器楽的演奏体験の幅を広げてくれるだろう。仮想楽器の利用に際しては，その機能などが日々アップデートされているため，定期的にチェックすることや，より良い音で再生できるよう環境を整えていくことにも心がけたい。

（6）楽器をたずさえ，音楽の幅と学びの可能性を拡げよう

　さまざまな角度から器楽の学習と指導についてみてきたが，器楽で重要なのは楽器を自らの思いや意図を音に変える道具として，その思いや意図の通りに使えるようになっていくこと，さらに，それによって音楽の可能性を広げ，より多角的な楽しみ方ができるよう

になることだろう。楽器という「もの」を使うことで広がる可能性とともに，習熟する必要のある新たな技能があり，また授業進行上のルールが必要でもあるという諸側面を念頭に置きながら，楽器があたかも身体の一部であるかのように感じられるような学習と指導を目指してみてほしい。

参考文献

木下博・生田香明・葛原憲治・会田 勝・Farssberg, H.（1992）「小物体の持ち上げ運動に関わる把握力制御機能の発達」『体育学研究』37（1）：69-86。

千田鉄男（2012）『リコーダー大好き！　授業を助ける指導のポイント（CD 付き）』音楽之友社。

高見仁志（2010）『担任・新任の強い味方!!　これ1冊で子どももノリノリ 音楽授業のプロになれるアイデアブック』明治図書。

松田昌（2016）『絶対！うまくなる鍵盤ハーモニカ100のコツ』ヤマハミュージックメディア。

文部科学省（2017）「小学校学習指導要領解説 音楽編」

山下薫子（編著）（2017）『平成29年度小学校新学習指導要領ポイント総整理』東洋館出版社。

（大澤智恵）

6　器楽指導

（1）器楽演奏・合奏の意義

　子どもは生来，音の鳴るモノが好きである。"音が鳴る"とわかれば，鳴らしてみたい衝動に駆られるのは自然な欲求であり，これこそが楽器を演奏することへの興味・関心，意欲のもとであるといえよう。自分の好みの楽器や好みの音探し，奏法による音の変化を探求する時間を，"音へのこだわり"を育む大切な段階であると認識し，子どもたちの感性を豊かに育む器楽活動を展開したいものである。

　器楽演奏では，個人で演奏する場合と，他者とともに気持ちと音を合わせて合奏する場合がある。これら独奏，合奏それぞれに，特有の醍醐味や教育的意義があるだろう。学校における音楽科教育では，おおむね集団で演奏する場面や機会が多く，さまざまな音色やリズムを組み合わせた合奏が可能となる。

　合奏のねらいのひとつとしては，みんなで合わせることによって，全体の中の自分の役割を知り，1つの目標に向かって協力して音楽をつくり上げていく喜びを得ることがあげられる。子どもの音楽的成長を促す合奏を行うには，子どもの年齢，能力に合った曲選びや楽器編成，編曲を行うことが重要である。

　合奏指導の導入としては，楽器に触れる前に，合奏しようとする曲に歌がついている場合は，歌を歌えるようにしておくとよいだろう。また，歌のついていない曲の場合でも，その曲に合わせて歩いたり，手を打ったり，踊ったりと，体で音楽を感じ，その曲に親しんでおくと合奏にスムーズに移行できる。

指導者は，子どもが楽器を手にした瞬間に音を鳴らすことを見越して，子どもの欲求を阻害しない指導手順も確認しておくべきである。楽器に親しみ，意欲的に演奏するためには，まず楽器の扱い方や特徴を知り，楽器を大切に扱い，正しい奏法で美しい音を求める姿勢を身に付ける必要がある。そのうえで，子どもたちが楽器を自由に手にとって演奏したり，友だちと音を合わせたりできるような環境構成をしておくと，子どもたちの自発的な音楽活動や自由な即興演奏を誘発するだろう。

また，音を出すときとそうでないときの区別をはっきりさせるための約束事等を決めておくことも効果的である。例を挙げると，四分休符「𝄾」・全休符「▬」などの"休符カード"を指導者が掲げたら，「シーーー」の合図で，音出しをやめて先生の話を聞く。あるいは，指導者が大きな声で「鳴らしま！」と言うと，子どもたちが「せん！」と続けて，音出しをサッとやめるなど。最初にこれらの決まりを伝えておくと，指導者が何度も声を張り上げて"静かにさせる"努力は必要なくなるに違いない。「音を出すとき」「静かに聴くとき」のメリハリをつけることで，子どもたちは存分に音と戯れ，さらにはお互いに注意し合い，声をかけ合って指導者の声や，他者の音に耳を傾けることができるようにもなるだろう。

他者の演奏を聴きながら自ら分担する楽器パートを演奏することで，音感を養いながら，音の重なる感動と協働する楽しさを味わえることが，合奏の醍醐味だろう。仲間と息を合わせて合奏していると，1人では決して演奏することのできない壮大な音楽を奏でているような，あるいはまるでオーケストラの一員にでもなったかのような高揚感や充実感，そして仲間との一体感も感じられよう。楽しい演奏体験を通して子どもの豊かな感性を育みたい。

（2）楽器の分類

小学校で使う主な楽器の特徴と奏法を紹介する。演奏法別に，分類した楽器は以下の通りである。

●打つ楽器

① タンブリン（＝ふる楽器）　④ ウッドブロック　⑦ トライアングル

② 大太鼓　⑤ シンバル　⑧ 木琴

③ 小太鼓　⑥ カスタネット　⑨ 鉄琴

●ふる楽器　　　　●こする楽器　　　　●ふく楽器

⑩ 鈴　⑫ ギロ　⑬ リコーダー

⑪ マラカス　⑭ 鍵盤ハーモニカ

① タンブリン

　皮や合成物質で張った膜と，多くの場合側面に２枚１組のシンバル状の小さな鈴がついている楽器。

〈奏　法〉

　手で鼓面を打って音を出す。手のひら，指先，爪の部分などで，打つ場所を変えることや，水平，または垂直に構えることで音色や響きも変わる。側面についている鈴をふって音を鳴らすこともできる。鼓面を打つことで鈴もゆれ，同時に２つの音が出せる。

　　※側面に穴の空いているところがあるが，指を入れるためのものではない。
　　　丸い穴の空いている部分の鼓面の縁に親指を置き，残りの指で枠を握る。

② 大太鼓

　楽曲全体の拍をとることが多い楽器。低音の楽器が少ない子どもの器楽合奏の場合は，低音を支える役目として有効。皮の張り方は，胴についている金属のしめネジを調節する。

〈奏　法〉

　ばち（マレット）の真ん中よりやや下のあたりを持ち，小さい動きで手首のスナップを効かせるようにして打つ。打つ場所は打ちながら探すことが多いが，小さい子どもの場合は中心部を打つのが適当。

③ 小太鼓

　通常ばち（スティック）を持って打つ。裏面に響き線が張られ，歯切れのよい音が出る。

〈奏法（マッチドグリップ）〉

　ばちは両手の真ん中よりやや下のあたりを持つ。親指と人差し指で持ち，他の指は軽く添える程度で，八の字に構える。手首のスナップを効かせて打つ。小さい子どもの場合は中心部を打つのが適当。上部側面のリムといわれる部分を打つこともある。小刻みに打つことによって音を持続させるロール奏法もある。

第3章　器　楽

④　ウッドブロック

　長方形の堅い角材で，長辺にそってくり抜かれたものや，右図のように丸い筒状のものを2個まっすぐにつないだ形のものもある。

〈奏　法〉

　利き手にばちを持ち，もう一方の手で楽器を持って構え，打つことによって音を出す。

⑤　シンバル

　ふつうは2枚の鋼鉄製の円盤を打ち合わせて音を出すが，小太鼓や木琴のばちでシンバルの縁を打つこともある。

〈奏　法〉

　持ち手に左右両方の手を通し，あるいは持ち手をにぎるように持ち，胸の高さで演奏する。そのまま打ち合わせたり，こするように合わせたり，小刻みに合わせたりと演奏方法はいろいろである。音の余韻を止めるときはシンバルの端を胸にあてる。

⑥　カスタネット

　手のひらにおさまるぐらいの皿状の堅木を2枚合わせた楽器。教育用として赤と青の木製のものが有名。

〈奏　法〉

　突起がついた赤を下に青を上にして，ゴムひもを利き手ではない方の人差し指，または中指に通し，手のひらにのせる形で持つ。手のひら，指先など打ち方を変えることで音に変化をつけることができる。

⑦　トライアングル

　三角形に曲げられた鋼鉄の棒状の楽器。

〈奏　法〉

　ひもをつけて利き手ではない方で吊すように持ち，もう一方の手で鋼鉄の棒のばち（ビーター）を持って打つ。指で触れて振動を止めたり，打つ位置を変えたりして音に変化をつけることができる。また，コーナーの部分を振るようにして打つ奏法もある。

⑧ 木琴

　調律された木製の音板をもつ打楽器の総称。一般的な木琴（シロフォン）には低音の音板の下に共鳴管がついており，木琴の一種のマリンバには，すべての音板の下に共鳴管がついている。調律の方法と音色が違う。

〈奏　法〉

　ばち（マレット）で打って演奏する。ばちは，真ん中よりやや下を親指と人差し指で持ち，他の指は軽く添える程度で八の字に構える。音板の上を滑らせて音を出す方法もある（グリッサンド奏法）。ばちの頭の部分の硬さや素材によって音が変わるので，曲に合わせて選ぶとよい。

⑨ 鉄琴

　調律された鋼鉄製の音板をもつ打楽器の総称。鉄琴の種類にはメタロフォン，グロッケンシュピール，ヴィブラフォンなどがある。ヴィブラフォンには電動式のファンがついており，ペダルを踏むとビブラートがかけられる。

〈奏　法〉

　⑧の木琴と同じ。

⑩ 鈴

　割れ目のある金属製の空洞体が丸い輪や棒状の持ち手にいくつかついている楽器。

〈奏　法〉

　持ち手の部分を握り，握っている方の手首を反対の手のこぶしで軽く打ったり，鈴を持っている手の手首をねじるようにふったりして，音を出す。

⑪ マラカス

　元来は乾燥したヤシ科のマラカの実の殻に豆やビーズを入れ，ふって音を出す楽器。木製のものや，プラスティック製のものもあり，手作りもしやすい楽器である。

〈奏　法〉

　手の平を下向けて柄をにぎり，中の粒がそろって落ちるようにふること。手作りする場合は，ふり方や中身の素材や量によって音が変わるので，好みの音を探求するとよいだろう。

⑫ ギロ

　木製や金属製のひょうたんのような形で，表面にギザギザの刻みがついている楽器。

〈奏　法〉

　利き手で棒を持ち，もう一方の手の指を，穴に入れて持つ，または下から包むように持つなど，楽器によってさまざまな持ち方がある。ギザギザの部分をこすって音を出す。

⑬ リコーダー

　リコーダーにはソプラニーノからコントラバスまで数種類あるが，ここではソプラノリコーダーをとりあげる。息を吹き入れて音を出す木管楽器。吹き口（歌口）のある頭部管，中部管，足部管の3つの部分で構成されている。バロック（イギリス）式とジャーマン（ドイツ）式の2種類があり，若干運指が違う。

〈奏　法〉

　左手を上に，右手を下にして，8本の指を使って演奏する。下唇と右手の親指で支えて持つ。指の腹で穴をふさぎ，いろいろな音を出す。二点ホより高い音では左手の親指はほんの少し開けて吹く（サミング）。姿勢を正し，腹式呼吸で平均した息の強さで吹く。上歯の裏に舌をつけて離す瞬間 tu －と息を出す舌づかい（タンギング）をすることにより，しっかりした音が出る。

⑭ 鍵盤ハーモニカ

　息を吹き入れて演奏する鍵盤楽器。座奏と立奏に適した2種類の吹き口がある。

〈奏　法〉

　専用の吹き口（ホース，歌口）から楽器の本体に息を吹き入れ，利き手の指で鍵盤を操作して演奏する。吹き方はリコーダーと同じく，タンギングで吹く。息つぎはフレーズごとに行う。演奏にあたり，指の形や姿勢，息つぎ等の指導が必要である。

　　　　　　　　　　　　　　　　　（臼井奈緒）

参考文献
ウルリヒ・ミヒェルス（編著）(1989)『カラー図解音楽事典』白水社。

第4章

音楽づくり

「音楽づくり」と聞いてどのような活動が思い浮かぶだろうか？　音楽をつくるというところから作曲をイメージし，敷居の高い活動ではないかと心配になる読者も少なくないだろう。しかし実は，小学校音楽科授業における音楽づくりの活動は，作曲に限られない非常に幅広いものである。音そのものをつくる活動，音楽を即興的につくっていく活動，音楽をつくりながらいろいろな方法で記録し，推敲していく活動…さまざまなものがある。

　本章では，音楽づくりの基本的な考えかた，活動のタイプ，活動をおこなう際の教師の役割や配慮について学んでいく。具体的な活動のアイデアも紹介するので，子どもたちと音楽づくりをすることをイメージしながら読みすすめてほしい。また，音楽づくりの活動を通じても〔共通事項〕の指導をおこなう必要がある。そのための視点と方法についても解説する。さらに本章の最後には，子どもとはそもそも，自ら音楽をつくりだす存在であるということについても考えてみたい。

1　音楽づくりとは何か

（1）音楽をつくるということ

　世界をみわたすと，音楽をつくるさまざまな営みがみられる。たとえばクラシック音楽といわれるジャンルにおいては一般的に，五線譜に記すかたちで音楽作品の制作がなされてきた。作品をつくる過程ではじっくりと一音一音が推敲され，ひとつの完成形が志向される。一方でジャズにおいては，「テーマ (theme)」と呼ばれるメロディとコード進行が決まっているものの，各ミュージシャンはこのコード進行にのっとりながら，ソロと呼ばれる即興演奏をおこなう。ミュージシャンたちは臨機応変にアンサンブルをつくりあげ，その場その瞬間にしか聴くことのできない音楽が展開される。さらに日本やチベット，ブータンなど世界のさまざまな地域に存在するうたとして「掛け合い歌」というものがあるが，これはおもに2人が，たがいに対する恋慕の情，風刺のことばなどを節にしてうたう音楽である。ここでつくられる音楽もやはり即興的で一回性のつよいものであるが，ことばを用いているぶん，より歌い手同士の双方向的なコミュニケーションの色合いが濃い。

　このように，ひとくちに音楽づくりといっても，もちいられる音楽の様式，即興性の度合い，歌詞があるか無いかなどの要因によって，活動のプロセスも産出される音楽の響きも非常に多様なものとなる。小学校音楽科において音楽づくりの授業をつくるにあたっても，世界にはこうした多岐にわたる音楽づくりが存在しているという前提を，まずは共有

第4章　音楽づくり

しておきたい。

（2）小学校学習指導要領における音楽づくり

① 小学校学習指導要領における音楽づくりの内容

　それでは，2017（平成29）年版の小学校学習指導要領解説音楽編における音楽づくりの活動の位置づけについて，みてみよう。音楽づくりの活動は表現の領域のひとつに属している。その内容は，「第2章音楽科の目標及び内容　第2節音楽科の内容」の「2　各領域及び〔共通事項〕の内容」の「A表現」において次のように示されている。

⑶　音楽づくりの活動を通して，次の事項を身につけることができるよう指導する。

　音楽づくりの活動は，創造性を発揮しながら自分にとって価値のある音や音楽をつくるものである。音楽づくり分野の内容は，次のように構成している。

　ア　次の㋐及び㋑をできるようにすること。（思考力，判断力，表現力等）

　　㋐　即興的に表現することを通して，音楽づくりの様々な発想を得ること。

　　㋑　音を音楽へと構成することを通して，全体のまとまりを意識した音楽をつくることについて工夫し，思いや意図をもつこと。

　イ　次の㋐及び㋑について，それらが生み出すよさや面白さなどと関わらせて理解すること。（知識）

　　㋐　いろいろな音の響きやそれらの組合せの特徴

　　㋑　音やフレーズのつなげ方や重ね方の特徴

　ウ　発想を生かした表現や，思いや意図に合った表現をするために必要な次の㋐及び㋑の技能を身に付けること。（技能）

　　㋐　設定した条件に基づいて，即興的に表現する技能

　　㋑　音楽の仕組みを用いて，音楽をつくる技能

　以上のように，アの「思考力，判断力，表現力」，イの「知識」，ウの「技能」の3点を，それぞれ㋐・㋑として2つずつ示している。計6つの事項で音楽づくりの内容は構成されていることになるが，大きく分けると㋐はおもに「音遊びや即興的に表現する活動」，㋑はおもに「音を音楽へと構成する活動」によって育成される資質・能力を示している。とはいえこの2つはまったく異なる種類の活動として区分されるものではなく，1つの音楽づくりの活動に，㋐と㋑の両側面が含まれていることのほうが多い。

② 踏まえておきたい留意点

　また，上記の記述において注目したいのが，「発想」「工夫」「思いや意図」という文言である。これは音楽づくりの活動が，とかく「手あたり次第に音を鳴らす」「何となく音を合わせる」という行為に終始してしまい，十分な試行錯誤を経ずに「やりっぱなし」で

終わってしまいがちであることを踏まえた留意点ととらえられる。「突然おばけが出てきた様子を表現するにはこっちの楽器を使おう」「寂しい気持ちを表すにはもっと小さい音にしたら？」「最初と終わりを同じリズムにしたら，すっきりまとまるかも」「最後のところは２回くり返したら盛りあがりそう！」……子どもたちが自らの発想をもとに音を出して試行をくりかえし，思いや意図をよりよく表現するにはどうしたらよいか，話し合いながら探求していくプロセスを，すべての音楽づくりの活動において大切にしたい。そのプロセスのなかで，音楽の要素や仕組みに関する理解を深めていくこともまた求められる。

　以上の事柄に配慮することは，2008（平成20）年改訂の小学校学習指導要領から継続して重視されている「言語活動の充実」にもつながってゆく。次節からは，音楽づくりの考えかたや具体的な実践のアイデアを解説していくが，いずれの音楽づくりにおいても，共通して踏まえておきたいのがこれらの留意点である。

2　音楽づくりの活動をつくる

　音楽づくりの活動には，大きく分けて「音遊びや即興的に表現する活動」「音を音楽へと構成する活動」があることを先ほど述べた。本節では，ここに含まれる３つのキーワード「音遊び」「即興的な表現」「音を音楽へと構成する」を切り口に，音楽づくりの活動をつくる上での基本的な考えかたや具体的なアイデアを解説していく。

（1）音 遊 び

　音遊びは，まさに音で遊ぶということである。しかしそれだけでははっきりとしたイメージがもちにくいだろう。そこで，以下に音遊びのポイントを整理する。

① 音・音色を発見することからはじめよう

　音遊びの活動ではまず，身の回りのありとあらゆる音の存在に気づくこと，その音色のよさや面白さを味わうことが第一歩となる。たとえば机を手のひらで叩いたときと，鉛筆で叩いたときとでは大きく異なる音色がうまれる。紙がこすれあう音，ボールをつく音，自分自身の呼吸する音など，子どもたちの周囲には無限といってもよいほどの多種多様な音がある。とくに低学年においては，こうした音の存在を子どもたちが発見し，工夫を凝らしてあらたにつくりだしていくプロセスを含めて，活動を構想したい。そうすることで子どもたちは音楽づくりの発想を得ていくことができる。

　空のペットボトルに小さいモノを入れてフタをしめ，オリジナルの楽器をつくって鳴らすといった手作り楽器の活動も，音遊びといえるものである。既成の楽器を扱う場合にも，その楽器の奏法を子ども自身が探求する音遊びから始めてみよう。たとえばトライアングルは，楽器をひもにつるして鳴らすオープン奏法と，楽器を手で握って鳴らすクローズ奏

法では，ずいぶんと違った響きになる。いずれの音遊びにおいても，「こんな音が出た！」「こうして叩くと面白い！」という子どもたちの発見を大切にしたい。

② 発見した音・音色の共有と価値づけを

　発見した音を友だちと伝えあう，異なる音同士を組み合わせて鳴らす等の共有や協働も大切である。自分のみつけた音がクラスというコミュニティのなかで意味づけられ価値づけられることで，子どもはあらたな創出への動機をもち，さらなる探求へと導かれていく。ここでの教師の役割は大きい。たとえば「棒で靴の裏をこすったらそんな音がするんだね！よく気づきましたね。皆の靴ではどうかな」「AさんとBさんの見つけた音を一緒に鳴らしてみたら，どんな音がするでしょう？」といったように，特定の知識・技能を教え込むのではなく，子どもたちの活動をファシリテートするような姿勢が望ましいだろう。これは音楽づくりの活動全般においていえることである。

活動のアイデア〈1〉「音の調査隊になろう」（低学年向け）

① クラス内で，班ごとのグループに分かれる。各班が「音の調査隊」になる。
② 班ごとに音探しをする。教室内のすべてのものを使ってよいことにする。
③ どんな音がみつかったかを，ワークシートに記入していく。

	おとのなまえ	ざいりょうやばしょ	どんなおと
1	びっくりかいぶつ	いすのあしでゆかをならす	がたがた
2	そよかぜ	ハンカチをいきでふく	ふわー
3			
4			
5			
6			
7			
8			

④「調査結果の報告」をする。音が全部でいくつみつかったかと，班で選んだ一番の「お気に入りの音」を発表し合う。

---

③ 発見した音を既存の楽曲や物語と組み合わせよう

　音遊びは，「やりっぱなし」におちいりやすい活動である。それを克服する方法として，発見した音をもちいて既存の楽曲にリズム伴奏をつけたり，物語に効果音をつけたりする活動がある。曲やシーンに合った音色，音を鳴らすタイミング，テンポ，強弱，リズムなどを工夫し試行をかさねることで，音遊びは思いや意図をもった表現づくりへと発展していく。

> 活動のアイデア〈2〉「音でお話をもりあげよう」(全学年向け)
> ① 短い物語や詩（オノマトペが多く含まれる作品がよい）を用意する。
> ② 物語や詩をいくつかのシーンに分けて，班ごとに効果音をつけていく。グループワーク中，教師は適宜楽器の選択や奏法について子どもたちに問いかけ，音楽的思考やディスカッションを引き出し，推敲をうながす。
> ③ 朗読に合わせて効果音を鳴らし，物語全体を通す。
> ④ ビデオカメラなどを使って記録し，振り返りをおこなう。
> ※ 学芸会などの学校行事と関連づけることもできるだろう。
> ※ 高学年でおこなう場合には，主要三和音を用いてセリフ部分のBGMをつくる活動もあわせておこなうとよいだろう。登場人物のキャラクターに合わせて，楽器や音域やテンポを変えてみよう。
>
> 朗読中のBGMの例：
>
>
>
> （それぞれくり返す）　・物語冒頭の場面に　　　　・穏やかなシーンに合わせてゆっくりと

（2）即興的な表現

　即興的な音楽表現は，その場で自由に参加者たちがつくりあげていくものである。ただし自由といっても，完全に自由に即興するのは実は非常に困難である。何らかの制約や条件によって，それをよりどころとしながら創造的な表現をすることが可能になる。

　ここでは，3種類の即興的な音楽表現の活動について述べる。それぞれ，何らかの制約を設けることによって子どもたちの自由な即興を引き出すしかけになっている。また，とくに低学年の子どもにとって，音楽づくりに遊びやゲーム性を含ませることは効果的であるため，本項でもそうしたアイデアを提示している。以下のアイデアをもとに，ぜひ目の前の子どもたちに合ったオリジナルの即興的な音楽づくり活動をつくってみてほしい。

① 模倣を利用して

　リーダー役1人の表現をクラス全体で模倣し，それをくり返していくことで，即興的なリズムアンサンブルをつくることができる。4拍ずつまたは8拍ずつを単位としておこなうとよいだろう。

第4章　音楽づくり

活動のアイデア〈3〉「リズム de 震源地ゲーム」（中・高学年向け）

① 円になる。子どもたちはカスタネットやパーランクーなどを持つ。

② 1人ないし2人の鬼を決める。鬼は，円の外に出る。

③ 鬼には知られないように，震源地役を決める。

④「せーの」で，タンタンタンタン…と一斉にリズムを打ちはじめる。

⑤ 震源地役は，鬼に知られないように，リズムを変える。（例：タンタンタンタン→タンタタタンタタ）

⑥ その他の全員は，震源地役のリズムをまねして合わせていく。

⑦ 鬼は，震源地役が誰かをあてる。

※ 鬼役に震源地役を知られないためには，リズムが変わったら全員がすぐにそれに合わせて模倣をおこなう必要がある。子どもたちは，音を聴くこと，音を合わせることをうながされる。

※ 震源地役は，リズムを変えるだけでなく，打つ場所を変えたり，打つ姿勢を変えたりすることで音色や強弱に変化をもたらすことができる。

※ テンポがどんどん速くなってしまいがちなゲームであるため，一定のテンポを保つよう子どもたちにはたらきかけよう。

② 呼びかけとこたえを利用して

　「呼びかけとこたえ」は，さまざまな作品に含まれ，音楽のまとまりや流れをつくっている。例えば歌唱共通教材においては，第2学年の「かくれんぼ」（林柳波作詞・下總皖一作曲）の「もういいかい　もういいよ」のやりとりや，第4学年の「とんび」（葛原しげる作詞・梁田貞作曲）の「ピンヨロー」がくり返されるメロディのやりとりがこれにあたる。

　音楽づくりに生かしやすいシンプルな「呼びかけとこたえ」のひとつは，ある子どもの発したリズムを他の全員が模倣し，やりとりしていくというものである。これを利用して音楽づくりの活動をつくってみるとよいであろう。

活動のアイデア〈4〉「おやさいリズムリレー」（低・中学年向け）

① 円になる。子どもたちはカスタネットやパーランクーなどを持つ。

② リーダー役の子ども（はじめは教師でもよい）が，「△△△・おいしーな」と言いながらリズムを打つ。他の子どもたちはそれをくりかえす。

　　　はじめの言葉とリズムの例：　トマト　おいしーな

③ リーダー役のとなりの子どもが，「〇〇〇・おいしーな」と好きな野菜の名前を言いながら

51

リズムを叩く。リーダー役を順にリレーしながら，これをくりかえしていく。野菜の名前が「たまねぎ（♩♩♩）」「ブロッコリー（♫ ♩♩）」と変われば，リズムも変化する。

④ 最後の言葉とリズムをあらかじめ設定し，リーダー役が即興的に終わるタイミングを決めるのもよいだろう。

最後の言葉とリズムの例：

※ 野菜の他に，果物や世界の地名（「○○○・行ってみよ」等）でおこなうこともできる。外来語の出てきやすいお題にすると，多様なリズムになりやすい。

※ 子どもたちの発したリズムを組み合わせて1つの楽曲にし，副次的なリズムのパートを加えてアンサンブルにすることもできる。楽器選びにも工夫の余地は大いにある。

副次的なリズムのパートの例：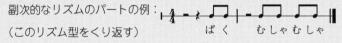
（このリズム型をくり返す）

※ とくに中学年以上では，子どもたちの発したリズムを後から教師が記譜し，読譜の指導へとつなげることもできるだろう。

③ 使用する音を限定して

我々が日常的に接している音楽は，西洋音楽の音階をもちいたものがほとんどであるが，この音階は7音（ド・レ・ミ・ファ・ソ・ラ・シ）でできている。しかし，世界の民俗音楽には，5音や2音で構成される音階をもちいたものが多い。民俗音楽の音階をもちいることで，音階構成音の少なさが適度な制約となり，音楽づくりがしやすくなる。

活動のアイデア〈5〉「メロディつくっちゃおう」（中・高学年向け）

① 「だるまさんがころんだ」「いものにたの」等の，2音からなるわらべうたを歌う。
② メロディが2音からなることを確認し，2つの音でも曲ができることを理解する。
③ 教師のオスティナート（執拗反復）による伴奏に合わせて，シ（B）・ラ（A）の2音を使って8拍程度のメロディを即興的に順に吹いていく。子どもの状況に合わせて，時間をとってメロディづくりをしてもよい。

オスティナートの例：（これをくり返す。演奏の最後はシ（B）で終わる。）

④ 「はじめ」と「終わり」のメロディをうたい，リコーダーで練習する。

はじめの例：

終わりの例：　ほらほらほら　できちゃった

⑤ イントロ（「伴奏」を2回もしくは4回くり返す）→「はじめ（2回くり返す）」→即興の
　　リレー→「終わり（2回くり返す）」の順に演奏する。
※ リコーダーでシ（B）・ラ（A）の2音を学習済みであることが前提であるが，長2度音程の
　　2音であればどの音でもこの活動ができる。リコーダーの学習と組み合わせるとよいだろう。
※ 日本の伝統的な音楽に関する学習としての側面もあわせもつ活動である。
※ 打楽器を加えて合奏をつくっていくこともできる。
※ 即興ではなく，簡易譜をもちいて記録・推敲することも可能である。

簡易譜の例：

シ	シ	シ		シ	シシ		シ	シ	
ラ		ラ			ララ	ラ			～

　さて，民俗音階をもちいた音楽づくりをする際には，音階の構成音がわかりやすいよう
に，鍵盤ハーモニカや木琴の鍵盤に付箋やマスキングテープを貼るとよい。もっとも演奏
しやすいのは，ドイツの作曲家・音楽教育家カール・オルフ（Orff, C.）が考案した「オ
ルフ木琴/鉄琴」である。音板をはずしてさまざまな音階をつくることが可能である。

ハ長調の音階で構成されている。

音板を外す

どこを打っても
琉球音階の音！

音板を外して琉球音階をつくったところ。

　上の写真のようにすることで，子どもたちがどこを打っても音階構成音となり，民俗音
楽の響きが実現できる。

活動のアイデア〈6〉「音階トラベル」（中・高学年向け）

① 鍵盤ハーモニカやオルフ木琴で，任意の民俗音階をつくる。付箋を貼る，音板を抜く，音
　　階を確かめる等の作業自体を子どもたちとおこなうのもよい（ここでは琉球音階をもちい
　　る例を示している）。
② 伴奏者を決める。伴奏者は，オスティナートによる伴奏をつづける。この伴奏をイントロ
　　やアウトロとしても用いる。アウトロの最後はド（C）で終わる。

オスティナートの例：
（演奏の最後はドで終
わる）

③ 円になり，子どもたち全員で即興演奏をおこなう。1人ずつ即興し，自分の即興を終わり
　にしようと思ったら，隣にいる次の演奏者に目くばせしてリレーする。即興を終える際に
　は余裕があれば，ド（C）の音で終わるようにする。

④ ③に慣れてきたら，サビを決める。任意のタイミングで，誰かが「せーの！」と言ったら
　全員でサビを演奏する。

　サビの例：

※ 即興のなかにサビを適宜登場させることで，音楽にまとまりがうまれる。

※ 琉球音階の他，ヨナ抜き音階，エジプシャン・スケール，都節音階などももちいることが
　できる。それぞれの音階の「核音」を調べ，それをもちいてオスティナートの伴奏をつく
　ろう。

（3）音を音楽へと構成する

　音を音楽に構成するとは，いろいろな音楽の仕組みをつかって，音やフレーズを関連付
け，音楽にしていくことである。音楽の仕組みには，反復，呼びかけとこたえ，変化など
といったものがある。前項で挙げた活動のアイデア〈2〉～〈6〉も，みな音を音楽へと
構成する活動としての側面をあわせもっていることを確認しておきたい。

　また，子どもたちは音楽づくりの活動において「仲良くお話しているようにやってみた
い」「もっと盛り上がる感じにしたい」などの思いを抱き，口にすることがある。こうし
たつぶやきは，どのような音楽をつくりたいかについて自分なりのイメージをもっている
ことの表れであり，これこそが音から音楽を構成していく契機となる。教師はこうした子
どもたちのつぶやきに耳を傾け，「それじゃあいろいろな強さで鳴らして，試してみよう
か？」「2つのリズムを重ねて打ってみたらどうなるかな？」などと問いかけ，対話しな
がら，音から音楽への橋渡しをする役割を担っている。

3 〔共通事項〕との関連

　ここまでに挙げた活動のアイデアのなかでも言及してきたが，音楽づくりの活動と，音
楽を特徴付けている要素・仕組み，記譜や読譜などとを関わらせることで，〔共通事項〕
についての学習をおこなうことができる。

　たとえば〈1〉・〈2〉では，音楽の要素のひとつである音色についての学習が可能であ
る。〈3〉・〈4〉ではテンポや変化，発展させれば音符や休符について学ぶことができる
だろう。〈5〉・〈6〉は，音階や音楽の構造についての学習をあわせもっている。いずれ
の場合にも，実際に音やフレーズ等を操作し，〔共通事項〕に示された要素や仕組みのは

たらきを耳で確かめながら，実感をともなった学びを展開させられるように，教師が工夫することが求められる。

4 音楽をつくりだす子ども

　本章の終わりに，子どもはそもそも音楽をつくりだす存在であるということも述べておきたい。音楽科授業における子どもたちの様子をみていると，自発的にさまざまな歌をうたっている姿がある。たとえば短調の楽曲を耳にすると，たちまちメロディに「かなしいかなしい」などと歌詞をつけて歌う子どもがいる。「さんぽ」（宮﨑駿作詞・久石譲作曲）の歌唱中，「わたしはーげんきー」のメロディに，「ぼっくびょーき（僕，病気）！」とリズミカルに合いの手を入れる子どもがいる。休み時間にも，「いーれーて」「いーいーよ」というおなじみのやりとりを，「いーれーて」「やーだーよ」「なーんーで」「どーしーても」「いーいーじゃん」「いーいーよ」などと即興的に発展させていく姿がある。子どもたちは生活のなかでなんとも自然に何気なく，音楽をつくりだしているのだ。

　小学校教諭には，音楽科授業において音楽づくりの活動の充実をはかるだけではなく，日ごろから子どもたちがつくりだす素朴な音楽をとらえて寄りそう姿勢をもつことが求められる。子どもたちのつくりだす音楽のよさや面白さを見出して価値づけ，皆で共有し，臨機応変に学習活動へと結びつけていくという，共感的な態度と自由な発想をもちたいものである。

（森　　薫）

第5章

鑑　　賞

　本章では，鑑賞指導にはどのような教育的意義があるのか，また小学校の音楽の授業で
おこなわれている鑑賞指導には，どのような課題がみられるのかについて述べる。そのう
えで，鑑賞の活動を通して育成される資質・能力（鑑賞領域における「思考力，判断力，
表現力等」に関する資質・能力，「知識」に関する資質・能力）について，平成29年版学
習指導要領に基づいて解説する。さらに，資質・能力を効果的に育成するための工夫した
指導方法について述べる。

1　音楽鑑賞の意義

　子どもたちの生活や生活する社会は，多くの音楽であふれている。さまざまな規模の，
さまざまな人による，さまざまな音楽を扱った音楽会が各地でおこなわれている。また情
報化社会の進展にともない，子どもたちは各種メディアを通して多様な音楽を楽しめる環
境にある。

　そのような状況にあって，音楽の授業において音楽を鑑賞する意味は何だろうか。確か
に子どもたちの生活や生活を取り巻く社会は，音楽であふれているが，メディアからの情
報は，ポピュラー音楽やクラシックの名曲などが中心であり，子どもたちは，必ずしも我
が国や郷土の音楽，諸外国の音楽など幅広い音楽に接しているとは言い難い。また，その
ような音楽を聴く体験はあっても，それだけで音楽を味わって聴くことができるようにな
るというのはあまりに楽観的である。

　ところで，「食育」という言葉を耳にしたことがあるだろう。かつては，子どもたちの
栄養状態が悪いことや欠食などもあったため，子どもが成長するために必要な食事をいか
に効率よく摂取するかということが大きな課題であった。しかし時がたち，現在はいわゆ
る「飽食の時代」にある。このような時代では，過去と異なり，子どもたちが食に対する
正しい知識をもち，ただ栄養を取るだけではなく，健康な生活をすごすための，食につい
て考える習慣や食べ物を選択する力を身に付け，さらには日本固有の食文化を継承するこ
とが必要とされている。

　現代の子どもたちを取り囲む音楽においても，「飽食」ならぬ「飽音」の状態にあると
いっても過言ではない。先に述べたように，子どもたちが音楽を多様なメディアを通して
聴くことができる時代においては，「生涯を通じて自分と音楽との関わりを自ら築き，自
分と音楽との関係を振り返り音楽について考える習慣や，さまざまな音楽のよさなどを自

第5章　鑑　賞

ら見いだす力」が必要であろう。

　また，教室は，多くの個性ある子どもが集う場でもある。そのため一人ひとりの子どもの音楽の感じ方はさまざまである。子どもたちは，同じ音楽を聴いても「私はこのように感じたけど，あの人はまた違ったように感じたのだ」のように，自分とは異なった聴き方や感じ方に気付き，聴き方や感じ方を広げることができる。このことは，プライベートで好きな音楽を楽しむのとは違う，ともに学び高め合う仲間がいる学校の音楽の鑑賞の時間であるからこそ，実現できるものである。

2　鑑賞指導の課題

　平成20年版の学習指導要領では，「言語活動の充実」が改訂の要点のひとつであり，鑑賞領域の内容に，感じ取ったことや想像したことを言葉で表すなどの活動が位置づけられ，楽曲の特徴や演奏のよさに気付いたり理解したりする力が高まるように改善された。

　現在では，指導らしい指導がなく，音楽を聴いて感想を書かせて提出させ，何のフィードバックもない，といった授業は以前に比べ少なくなったが，中央教育審議会教育課程企画特別部会「論点整理」(2015年8月)では，鑑賞について次のような課題が指摘されている。

1．音楽を聴いて楽曲の特徴を捉えて言葉で適切に表すこと（略）思考力・判断力・表現力等の育成に一部課題がある。（平成24年度小学校学習指導要領実施状況調査）

2．言語活動がやや目的化し，（略）音楽のよさ等を味わって聴くことが十分でない傾向が見られる。（教育課程の編成・実施に関する聴取資料）

3．（略）音楽を聴いて感じ取ったこと等について，子どもの学習の充実に資するよう，適切に価値付けたり，具体的にアドバイスをしたりすることが十分でない傾向が見られる。（教育課程の実施・編成に関する聴取資料）

　1について検討してみる。これは平成24年度小学校学習指導要領実施状況調査の結果が論拠となっている。鑑賞領域に関する「思考力・判断力・表現力等」について，次のような記述問題が出題された。第6学年の児童を対象に，実際に音楽を聴きながら音声をともなうペーパーテストによって実施されたものである。

　この曲（木管楽器と弦楽器による曲／A─B─Aの三部形式の曲）の特徴を紹介する文を書きます。「はじめ」「なか」「おわり」のそれぞれについて，想像したことや感じとったことを，次の音楽のことばを1つ以上使って書きましょう。（　）内筆者

〔音色，旋律，リズム，速さ，調，音の重なり〕

57

この問題の通過率は64.2%であったが，想像したことや感じ取ったことが記述されていなかったり（〔誤答〕23.4%），想像したことや感じ取ったことと音楽的な特徴とを結びつけて表すことが部分的に十分でなかったり（〔準正答〕47.5%）するなどの課題がみられた。

　下記に示すのは，通過（〔正答，準正答〕64.2%）した児童の，典型的な解答例を示したものである。

〔正答〕5.5%（質的に高まっているもの）

　「はじめ」は旋律をひいている楽器がバイオリンです。とても速さがゆっくりです。この「はじめ」をきくと，お花畑に，鳥たちがあつまって話をしている姿が思いうかびます。「なか」は，「はじめ」とはちがい旋律をひいているのが，クラリネットなどの楽器に変わりました。「はじめ」と速さもかわり，リズムもちがいます。「はじめ」とはちがうので，ききやすくなっています。

　「おわり」は旋律をひいているのが，バイオリンです。「おわり」は，音の重なりがとてもキレイなのと，音色がキレイなのでそこの二つに注目して，きいてみてください。

〔正答〕11.3%

　「はじめ」は長調で，音の重なりがとてもきれいです。ゆったりとしていて，やさしい感じがします。「なか」は，「はじめ」とは速さがかわり，はやくなります。短調になっていて，かろやかな感じがします。「おわり」は「はじめ」と同じ旋律で，ゆったりしていますが，もり上がって，とても美しく，きれいな感じです。

〔準正答〕47.3%

　「はじめ」はすごく音色がきれいで，ゆったりとおだやかな感じがして，気持ちいいです。「なか」は楽しそうな感じです。リズムがおもしろく，ダンスパーティーに来ているみたいです。「おわり」ははじめと同じようなリズムでした。おわりという感じがします。ゆったりとおわっていていい曲です。

　通過率64.2%のうち，正答（16.8%）は，「はじめ」，「なか」，「おわり」のすべてに，想像したことと音楽的な特徴を記述するとともに，それぞれの印象や比喩を交えて記述したりしているもの（5.5%は質的な高まりのあるもの），準正答（47.3%）は，音楽の言葉を用いて感じ取ったことや想像したことを記述しているが，「リズムが面白い」というように，想像したことや感じ取ったことと音楽的な特徴とを結びつけて表すことが部分的に十分でないものである。

　47.3%の準正答に注目してほしい。「リズムが面白い，音色がすてき，音の重なりがよい」等は，客観的な音楽的な特徴というよりも要素に関する印象である。約半分の子どもが，要素に関する印象を中心に記述している。このことから，どんなリズムなのか，どんな楽器や楽器群なのか，どのように重なっているのか，といった具体的な音楽的特徴に気付かせるよう，ていねいに指導することが大切であることが示唆される。

第5章 鑑　賞

　2については，言語活動が，必ずしも音楽を味わって聴くという「思考力，判断力，表現力等」に関するねらいの達成が不十分であること，3については，教材研究の深化が十分でないこと，資質・能力が育まれた子どもの姿を具体的に想定できていないことなどが示唆される。

　このような課題を踏まえるならば，たとえば「リズムが面白い」といった子どもに対して，次のように対応することが考えられるであろう。

　　・「なるほど。先生もそう感じたよ。他のみんなはどうかな。面白いと思った人は手
　　　を挙げて」と問いかけ，感じ取ったことへの共感を促す。
　　・「皆も同じように感じたんだね。リズムが面白かったのは，どこの部分？」と問い
　　　かけ，「なか」の部分の面白いリズムを聴き取り，そのリズムの客観的な特徴を言
　　　葉で表し共有する。

　このように，音楽を形づくっている要素に関する気付きを深耕し，全体で共有・共感し，また音楽を聴く活動を通して，実感をともないながら，感じ取ったことと，客観的な音楽的特徴を結びつけていくような指導を充実していくことが大切であると考えられる。

3　平成29年版学習指導要領の内容

　平成29年版学習指導要領において，鑑賞に関わる内容については以下のように示されている。具体的に解説する。

（1）鑑賞領域の内容

　平成29年版では，鑑賞領域の内容は，ア，イの2つの事項で示されている。

ア　鑑賞についての知識を得たり生かしたりしながら，曲や演奏の楽しさ／よさなどを見いだ
　　し，曲全体を味わって聴くこと。(思考力，判断力，表現力等)
イ　曲想及びその変化と，音楽の構造との関わりについて気付く／理解すること。(知識)
　　　（　）は筆者
　　　※「よさなど」→低学年は「楽しさ」
　　　※「曲想及びその変化」→低学年は「曲想」　※「理解する」→低・中学年は「気付く」

　アは，「思考力，判断力，表現力等」，イは「知識」に関する事項である。
　まず，アの冒頭に注目してほしい。「鑑賞についての知識を得たり生かしたりしながら」と示している。わざわざ，冒頭に書くことについて，「小学校学習指導要領解説　音楽編

平成29年7月」（以下，「解説」と略記）には，次のように説明されている。

> 知識を得たり生かしたりとしているのは，曲や演奏のよさなどを見いだし，曲全体を味わって
> 聴くためには，その過程で新たな知識を習得することと，これまでに習得した知識を活用する
> ことの両方が必要となるからである。したがって，知識を習得してからよさなどを見いだすと
> いった，一方向のみの指導にならないようにする必要がある。

　つまり，アとイの事項は，往還を図りながら，一体的に育んでいくことを示している。
　ここでいう「曲や演奏のよさなどを見いだす」とは，音楽的な理由をともなって，曲が
もつよさや，さまざまな演奏形態や演奏者などによる演奏のよさなどについて考えをもつ
ことである。また，「曲全体を味わって聴く」とは，曲や演奏のよさなどについて考えを
もち，曲全体を聴き深めていることである（「解説」，第3学年及び第4学年）。
　また，このような学習の子どもの具体的な姿の例が「解説」には，次のように示されて
いる。

> 　この曲の一番面白いところは，真ん中で，たくさんの楽器が大きな音で激しい感じの旋律を
> 演奏し，それが急に止まって最初に戻るところ　　　　　　　　　　（第3学年及び第4学年）
> 　ゆったりとしておだやかな感じから，動きのあるにぎやかな感じに変わったのは，尺八が旋
> 律で 箏（そうこと） が伴奏をしているような音楽が，真ん中では 箏（そうこと） と尺八とが呼びかけてこたえている
> ような音楽になっているから　　　　　　　　　　　　　　　　　（第5学年及び第6学年）

　これは，曲全体を見通しながら，自分にとって音楽のよさをみいだしている姿と考えら
れる。このような学習を深めるためには，イの事項の学習と関連を図ることが重要となる。
　イに示す，曲想及びその変化，音楽の構造について，「解説」では，次のように説明さ
れている。簡潔に提示したい。

> 「曲想及びその変化」―曲全体の雰囲気や表情，味わいとその移りゆく変化
> 「音楽の構造」―音楽を形づくっている要素の表れ方や，音楽を特徴付けている要素と音楽の
> 　　　　　　　　仕組みとの関わり合い

　曲想は，音楽の構造によって生み出されるものであるため，両者の関わりについて気付
いたり理解したりすることを内容としている。
　曲想は「感じ取って分かる」知識，音楽の構造は「聴いて分かる」知識である。
　では，曲想及びその変化と音楽の構造との関わりについて気付いたり理解したりすると
は，どのようなことだろうか。同「解説」から例示してみよう。

第5章 鑑 賞

> 楽しく感じるのは，カッコカッコと同じリズムを繰り返して打っているのに，時々リズムが変
> わったり，途中からチリリリリーンという音が入ったりするから
>
> （第1学年及び第2学年）
>
> 堂々と行進する感じから，軽やかに踊っている感じに変わったのは，低い音の弦楽器の旋律と，
> 高い音のフルートの旋律が交替で出てきたり，重なったりしているから
>
> （第3学年及び第4学年）

　これまで解説したように，鑑賞を扱う題材では，必ずアとイの2つの事項の扱い，両者の学習を往還しながら，それぞれの事項の学習を深めていくことが重要である。

（2）鑑賞の学習に必要となる資質・能力である〔共通事項〕の内容との関連を図る

　表現や鑑賞の学習に共通に必要となる資質・能力を示したものが〔共通事項〕である。そして鑑賞の学習を実施する際，必ず扱う必要があるのが〔共通事項〕である。

> ア　音楽を形づくっている要素を聴き取り，それらの働きが生み出すよさや面白さ，美しさを
> 　感じ取りながら，聴き取ったことと感じ取ったこととの関わりについて考えること。（思考
> 　力，判断力，表現力等）
> イ　音楽を形づくっている要素及びそれらに関わる音符，休符，記号や用語※について，音楽
> 　における働きと関わらせて理解すること。（知識）
>
> 　　　　　　　　　　（　）は筆者，※低学年では，「身近な音符，休符，記号や用語」

　このような学習が支えとなって，鑑賞の事項の学習が成り立つ。たとえば，アの「聴き取ったことと感じ取ったこととの関わりについて考えるとは，「感じ取ったことの理由を，音楽を形づくっている要素の働きに求めたり，音楽を形づくっている要素の働きがどのようなよさや面白さ，美しさを生み出しているかについて考えたりすること」（「解説」中学年）である。このような思考が働くことによって，曲想（及び変化）と音楽の構造との関わりについて気付いたり理解したりする学習が，曲や演奏のよさなどをみいだし，曲全体を味わって聴くことにつながるのである。

　すなわち鑑賞を扱う題材を構成する際は，鑑賞の事項アと事項イを関連付けて扱うとともに，〔共通事項〕との関連を十分に図った題材を構成することが必要であろう。

4 鑑賞の指導方法

　鑑賞領域における資質・能力の育成が図られるようにするためには，指導方法を工夫することが必要である。ここでは，いくつかの方法を示すことにしたい。

（1）テーマで比較する方法
　曲の特徴である，曲想と音楽の構造との関わりについての理解を深めるためには，比較することが効果的である。八木正一はテーマをあげ数曲を比較して聴く方法を提唱している（八木 1993）。例として，歌い方をテーマと決め，日本の浄瑠璃や民謡，モンゴルのホーミー，アルプス地方のヨーデルなど，さまざまな歌い方による表現の面白さに注目した鑑賞の指導方法が挙げられる。
　テーマには，他にも形式（変奏曲），楽器（ヴァイオリンの演奏形態），演奏者（異なる演奏者による同一曲の演奏），作曲者（メインで聴く曲に加え同作曲者の曲），行事（葬式や結婚式での曲），生活（子守歌）等などが考えられる。視点をもって比較することで，それぞれの曲の共通点，相違点などがわかり，曲の特徴の理解を深める手立てとして有効である。

（2）クイズを用いた方法
　テレビ番組でも人気なクイズを用いた方法である。答えを当てるという目的があるため，手がかりから正解を求めて一生懸命に頭を働かせながら聴くことができる。八木（1993）は，次のようなクイズの方法を紹介している。

　　① 説明文クイズ……本物とニセの曲目解説文を用意し，どちらが本物かを曲を聴いて考える方法。
　　② 曲名当てクイズ……標題のつけられた曲の場合に可能な方法で，曲を聴いて作曲者の考えた曲名を考える方法。
　　③ イラスト並べクイズ……ストーリー性のある曲の場合に可能な方法で，場面ごとのイラストを曲の流れ順に示す方法。
　　④ 曲の形当てクイズ……曲の形式について正しい物を当てるクイズ。

　このように，正解，不正解がある方法は，答えを探そうと挑戦意欲が高まり，またその答えを求めるために考えながら聴こうとすることから，学習の効果が高いといえる。その際，子どもに気付かせたり理解させたりする内容を十分に踏まえ，答えの論拠について意見を出し合い，また音楽鑑賞に戻って確認するなど，学習が深まっていくように工夫することが大切である。

第5章　鑑　賞

（3）図形楽譜を用いた方法

　一般に楽譜といえば，五線譜や三味線や箏で使われる漢字で表記された楽譜を思い浮かべられるだろう。ここでは，それらの方法とは違った，図形楽譜を使用した方法を紹介する。その方法とは，音楽を聴いてイメージした様子をさまざまな形や色の図形で表し，それを使って自分たちの考えのもと図形楽譜をつくるものである。図形の形や色を選んで図形にすることで，曲想の変化や音楽の構造について，子どもがどのように捉えているのかを可視化することができる。さらに，子どもたちが音楽の特徴を図形楽譜に表すことで，それぞれの音楽の感じ取り方の違いなどを共有することができる。

　ここでは，図形楽譜を用いた清水匠（茨城大学教育学部附属小学校）による実践例を挙げる。曲は，第5学年の「ハンガリー舞曲第5番」（ブラームス作曲）である。

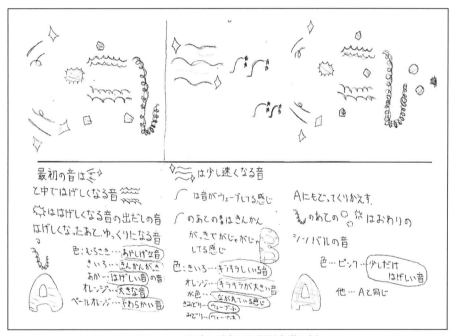

図5-1　子どもが表した図形楽譜の例

　まず，図形楽譜に表す前に，曲を聴いて何度も同じ部分を聴いたり，最後まで聴いたりと，さまざまな手立てを工夫しながらじっくりと聴く。

　そして音楽を形づくっている要素の特徴を基に図形を考え，曲想から色を選んで表現したりする。たとえば，「ここの激しい音をギザギザで表そう」「トライアングルの部分はキラキラの星がいいかな」「音が上にあがっていくから◎を階段みたいに描こう」等である。

　色は，「この部分はあやしい感じがするから紫で塗ろう」「さっきよりも明るくなったから，色も明るくしてみよう」「もやもやした感じだから，ちょっとぼかしてみよう」と選択する。その後，各自が表した図形楽譜について，友達同士で図形を見比べて，他者と交流しながら曲の特徴への理解を深める。

子どもたちの話し合いでは，「形」，「色」「区切れ」「配置」などに着目しながら，互いの気付きや感じ方などを共有・共感しながら，学びを深めている姿がみられた。いくつか例を示す。

形—はじめとおわりで同じ形を使うのは，同じ旋律が出てきたらからだね。

色—真ん中ではずむ感じの旋律が中心だから，華やかな色を使う人が多いね。

区切れ—違う旋律が出てくるところ，図形の雰囲気も変わっている人が多いね。

配置—キラキラした音が旋律の後ろ側で聴こえたから，中心の図形の周りに，小さな模様を散りばめた人が多いかもしれないね。

　このように，気付いたことや感じ取ったことを図形に表す過程によって，一人ひとりが音楽に向き合い，また他者と交流することで曲の特徴の理解が深まっていくのである。その際，大切なのは，図形で表すことが目的にならないよう留意する必要がある。

（4）身体表現を用いた方法

　音楽に合わせて体を動かすということは，心身を解放し自己の表現力を高めることにつながる。また，他者との協応性を意識することや，動きによるコミュニケーションを楽しむことも可能である。幼児期には，歌に合わせて踊ったり，集団での身体表現活動をおこなったりしているので，多くの子どもにとって身近な活動であるといえる。音楽に合わせて体を動かす活動は，音楽科と体育科で行われている。体育科では体を動かすことが目的となるのに対して，音楽科では，音楽と一体感を味わい，想像力を働かせて音楽と関わることができるようにするための「手立て」であることを踏まえることが大切である。

　鑑賞活動で取り入れる場合，音やリズム，イメージ，動きという要素が絡み合う。行進曲のようなリズムでは集団で一緒に歩いてみたり，付点のリズムではスキップのように軽やかに動いてみたり，またスタッカートが続く曲では跳ねたりしたくなるであろう。

　子どもは，体の諸感覚を使って音楽に合った動きをすることで，音楽と一体感を味わい，音楽のもつ雰囲気や表情を感じ取ることができるのである。他にも繰り返されるリズムを手拍子してみることや，ポルカやワルツなどの舞曲の特徴を体で感じて理解することが考えられる。

　ただ自由に動くだけではなく，なぜ行進曲では足を揃えて歩きたくなるのか，その理由を，音楽の特徴から気付くことは大切である。体を動かすことで，音楽の学習が深まるよう，ただ「楽しかった」で終わることがないように留意したい。

参考文献

　八木正一編著（1993）『〈音楽指導クリニック—5〉アイディアでつくるたのしい音楽鑑賞の授業　小学

校中学校鑑賞教材の指導・全事例』学事出版株式会社。

宮野モモ子・本多佐保美編（2009）『小学校音楽科教育法　創造性あふれる音楽学習のために』教育出版。

有本真紀編著（2011）『教員養成課程小学校音楽科教育法』教育芸術社。

山﨑正彦（2012）『見つけよう・音楽の聴き方聴かせ方——新学習指導要領を活かした音楽鑑賞法』株式会社スタイルノート。

国立教育政策研究所教育課程研究センター「小学校学習指導要領実施状況調査—教科別分析と改善点（音楽）」（2015.12）https://www.nier.go.jp/kaihatsu/shido_h24/05.pdf.

中央教育審議会初等中等教育分科会教育課程部会教育課程企画特別部会（2015.8）「教育課程企画特別部会　論点整理」。

文部科学省（2018）『小学校学習指導要領解説音楽編　平成29年7月』東洋館出版社。

（門脇早聴子）

第6章

音楽科と ICT の活用

　ICT とは，「**Information and Communication Technology**」の略称で，情報通信技術のことである。コンピュータを中心とした情報処理や通信の技術，産業，教育，医療，サービスなどの総称である。従来から使われてきた **IT**（**Information Technology**）とほぼ同義であるが，コンピュータ関係の技術そのものを **IT**，その技術の活用に着目する場合を **ICT** と区別して用いている場合がある。さらに，**ICT** は，情報通信技術を利用したコミュニケーションを重視するというニュアンスが強くなることから，本章では，**ICT** という用語を用いることとする。

　本章では，学校教育の音楽科という視点から **ICT** 活用について眺め，次に示すような事項について取り上げる。最初に，メディアの進化が音楽科の歴史に与えてきた影響について簡単に触れる。続いて，平成29年版小学校学習指導要領に示された **ICT** に関わる内容について概観する。さらに，音楽科では具体的にどのようなメディアを活用の対象とすることができるのか，そして，それをどのような場面で活用することができるのかについて述べる。最後に，音楽科における **ICT** 活用の未来の可能性について言及する。

1　メディアの進化と音楽科

　カナダ出身で，メディア研究の第一人者であるマーシャル・マクルーハン（Marshall McLuhan, 1911-1980）は，「メディアはメッセージである」という言葉を残している。メディアというと，そのコンテンツ（メディアを通してやりとりする情報の中味）に目が向きがちであるが，マクルーハンは，メディアそのものの登場および存在が人間の生活に及ぼす影響の重要性を指摘している。たとえば，スマートフォンの登場は，その存在そのものが人間の生活スタイルを大きく変容させた。このような視点から音楽科の歴史を簡単に眺めたい。明治時代にオルガン（後にピアノ）が登場し，唱歌の授業の成立に貢献した。大正時代に蓄音機が登場したことにより，鑑賞という新しい分野が誕生した。これらのことは，まさにマクルーハンのいうメッセージであり，蓄音機というメディアが，音楽科に与えたメッセージとなった。音楽科は，新しいメディアの登場により，直接的に影響を及ぼされる教科なのである。

2 平成29年版学習指導要領に示された ICT の活用に関わる内容

平成29年版小学校学習指導要領の第1章総則第3の1(3)に「コンピュータ等や教材・教具の活用，コンピュータの基本的な操作やプログラミングの体験」（筆者要約）という内容が示されている。とくに，プログラミングについては新設された内容で，「イ　児童がプログラミングを体験しながら，コンピュータに意図した処理を行わせるために必要な論理的思考力を身に付けるための学習活動」と記されている。同指導要領解説総則編では「プログラミング的思考」という言葉も示され，自分が意図する一連の活動を実現するために，どのような動きの組合せが必要であり，一つひとつの動きに対応した記号を，どのように組合せたらいいのか，記号の組合せをどのように改善していけば，より意図した活動に近づくのか，といったことを論理的に考えていく力と説明されている。音楽科におけるICT 活用においてもプログラミング的思考という視点が必要となってくる。

平成29年版小学校学習指導要領の第6章音楽で，ICT に関わる内容としては，「第3指導計画の作成と内容の取扱い」の2(1)ウに「児童が様々な感覚を働かせて音楽への理解を深めたり，主体的に学習に取り組んだりすることができるようにするため，コンピュータや教育機器を効果的に活用できるように工夫すること。」と示されている。音楽活動のさまざまな場面で，児童の学びを深めるための ICT 活用について検討する必要がある。

3 活用の対象となりえるメディア

ここでは，音楽科における ICT 活用の場面で，その対象となりえる主なメディアを紹介する。最初に音楽系アプリケーションソフトウェア（以下，音楽系ソフト）を，続いてハードウェアを挙げる。なお，「ボーカロイド」は音楽系ソフトの1つであるが，本章では，敢えて1つのメディアとして紹介する。

(1) 音楽系アプリケーションソフトウェア

コンピュータまたはタブレットの音楽系ソフトには，「楽譜作成ソフト」「シーケンスソフト」などがある。「楽譜作成ソフト」は楽譜を作成することを目的としたソフトである。紙媒体の五線譜をスキャナーで読み取り，それを電子データに変換して楽譜化できる音楽系ソフトもある。「シーケンスソフト」は，主に演奏させることを目的としたソフトである。楽譜を入力して自動演奏させたり，録音した歌声や楽器の音を重ね合わせて再生することができる音楽系ソフトもある。ゲーム感覚で音楽を即興的に奏でることができるソフトもあり，タブレットにも対応している。

図6-1 「ボーカロイド教育版」の画面
（出所）ヤマハ（株）「Smart Education System」ホームページより。

（2）ボーカロイド

ボーカロイドとは，ヤマハ株式会社（以下，ヤマハ）が開発した歌声合成技術と，その技術を応用したソフトウェアの総称である。簡単にいうと，コンピュータに歌わせることができるソフトであるが，その声は人間の声をサンプリングしているためクオリティが高い。歌声は，さまざまなキャラクターの中から選択することができ，とくに，「初音ミク」（クリプトン・フィーチャー・メディア）は有名で，そのキャラクターを含めて一躍人気となった。2017年に「ボーカロイド教育版」（ヤマハ）が発売された。

（3）インターネット

コンピュータまたはタブレットをもちいてインターネットに接続し，音楽に関わる情報を検索し収集することができる。また，YouTubeなどの動画投稿（共有）サイトを利用し，音楽そのものを動画で鑑賞することもできる。ただし，授業で扱う場合は，著作権上の問題がないか事前に確認しておく必要がある。

（4）プログラミング

児童がプログラミングを気軽に体験できる教材アプリとして，たとえば，「Scratch（スクラッチ）」がある。米国マサチューセッツ工科大学のMITメディアラボが開発し運用しているアプリで，日本語版があり，ゲーム感覚でプログラミングの原理や概念を学ぶことができる。同アプリの「音楽」のカテゴリのなかから，楽器の絵から音を選んだり，音高や音長を組み合わるという試行錯誤のなかで，簡単な旋律を完成させていくことができる。このような学習の流れのなかには，順次，分岐，反復といったプログラミングそのものの構造の理解へとつながるものがある。

第6章 音楽科とICTの活用

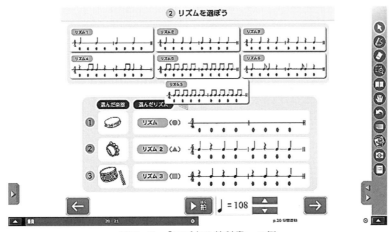

図6-2 「デジタル教科書」の例
（出所）教育芸術社。

(5) デジタル教科書

　デジタル教科書とは，デジタル技術を使って構成されている電子書籍の形で提供されている教科書のことである。文字，音声，映像などの各種データが組み込まれている。デジタル教科書には，指導者用デジタル教科書と学習者用デジタル教科書がある。指導者用デジタル教科書は，主に教師が使用するもので，電子黒板等をもちいて教科書を提示する。学習者用デジタル教科書は，主に児童が使用するもので，個々にタブレットをもちいて学習を進めることができる。

　2017（平成29）年10月現在，小学校音楽科のデジタル教科書は，教育芸術社と教育出版社から出版されているが，いずれも指導者用デジタル教科書のみである。主な機能は次の通りである。

　　・動く楽譜を提示しながら，音源を再生（パート別の再生も可能）。
　　・楽器の基本的な奏法を説明する動画の再生。
　　・鑑賞教材の曲名や楽譜をクリックすると音楽が再生（CD併用など）。
　　・鑑賞教材で登場する楽器や，関連する情報についての動画の再生。
　　・音楽づくりで，音を聴きながら，簡単なリズムづくりや旋律づくりを体験。

(6) 電子黒板

　電子黒板とは，電子技術を導入した黒板やホワイトボードのことで，書き込んだ文字や図などは電子データに変換し保存することもできる。また，ノートパソコンの画面をそのまま映せる大型ディスプレイになるため，教師が作成した教材提示をしたり，デジタル教科書を提示することができる。動画鑑賞の場面でのスクリーン代わりにもなる。

（7）テレビ会議システム

　テレビ会議システムは，離れている場所を通信回線で結び，映像と音声データを双方向にやりとりすることができるシステムで，主に会議をおこなうことを想定しているが，これを学校教育の場面でも活用することができる。遠方の学校間を結び，たとえば，それぞれの地域に伝わる伝統音楽を紹介しあうなどの学習を行うことができ，遠隔地にいる児童との協働学習が可能となる。たとえば，Skype（スカイプ）は，マイクロソフト社が提供しているインターネット電話で，気軽にビデオ通話ができる。

（8）タブレット

　タブレットは，タブレットコンピュータまたはタブレット端末とよばれることがあるが，本章では，タブレットという。インターネットに接続していれば，調べ学習に使えたり，さまざまな音楽系ソフト（アプリ）を利用することができる。音楽科では，タブレット本体の動画の録画および再生機能も有効に使える。近未来には，児童が1人1台のタブレットをもつようになるといわれているが，それが実現すれば，前掲のデジタル教科書（学習者用デジタル教科書が発売されてから）をもちいることができるようになり，個々のペースを大切にした学習をおこなうことができるようになるだろう。

4　活用の場面

（1）児童が活用

　学習指導要領の改訂の基本方針として，「主体的・対話的で深い学び」の実現に向けた授業改善（アクティブ・ラーニングの視点に立った授業改善）の必要性が強調されている。ICT活用は，アクティブ・ラーニングを推進するうえで有効となり，その活用の目的は，主体的な学び，対話的な学び，深い学びを実現することにある。

　さらに，ICT活用は，音楽に苦手意識をもっている児童の知識や技能面をサポートすることができるので，たとえば，音楽づくりの場面では，自らがもっている音楽的な知識や技能を超えて，音楽的な感性を働かせて音楽づくりそのものを楽しめるようになる。

　以下に，ICT活用の具体的な場面について，歌唱，器楽，音楽づくり，鑑賞の4つの活動別に紹介する。

① 歌　　唱
〈音取りの場面での活用〉

　合唱曲の各パートの音取りの場面で，タブレットを活用することができる。パート別にタブレットが数台あれば（できれば数名で一台の方が音は聴きやすい），タブレットに入れてあるパート別の音源（歌声）を聴きながら音取りを繰り返し行うことができる。なお，

音源（歌声）は教師があらかじめ準備し，そのデータを共有できるようにしておく必要がある。

〈音楽表現の工夫の場面での活用〉

　ある楽曲の音楽表現を追求する場面で，シーケンスソフトを活用すると，客観的に演奏を聴き，音楽表現について考えることができる。たとえば，「ふるさと」（高野辰之作詞，岡野貞一作曲）の楽譜をシーケンスソフトにあらかじめ入力しておき，自分たちが考えた曲のイメージで思いを込めて歌うには，どのくらいの速さで，どのように強弱表現を工夫すればよいかなど，テンポや強弱表現などの設定を変えて演奏のシミュレーションをし（自動演奏機能を使って），さまざまに設定したテンポで歌ったりする活動を繰り返すことを通して，自分たちが考える「ふるさと」の音楽表現に迫っていくことができるようになる。

〈演奏表現を見返す場面での活用〉

　グループ活動で音楽表現の追求をし，自分たちの演奏表現を見返す場面で，タブレットをもちいて自分たちの演奏を録画し，それを聴くことにより，自分たちの演奏表現を見返すことができる。この活動を繰り返すことにより，演奏表現を高めていくことができるようになる。

② 器　　楽

〈楽器の奏法に関わる動画の活用〉

　小学校で扱う楽器は，鍵盤ハーモニカ，リコーダー，和楽器，打楽器など多岐にわたる。それらの楽器奏法については，これまでは教師が説明しているが，タブレットを活用し，奏法に関わる動画を見ることで，奏法についての理解をより深めることができるようになる。なお，教師が事前に奏法に関わる動画を準備し，そのデータを共有できるようにしておく必要がある。または，インターネットでYouTubeなどの動画投稿（共有）サイトを利用し，それぞれの楽器の専門家による説明を見ることもできる。

〈合奏の練習の場面での活用〉

　合奏曲で自分が担当しているパートがある程度演奏できるようになった場面で，タブレットをもちいて楽曲の音源を再生し，それに合わせて練習することにより，全体で合わせるときの合奏のシミュレーションをおこなうことができるようになる。なお，教師が事前に，シーケンスソフトなどをもちいて演奏データを作成し，そのデータを共有できるように準備しておく必要がある。または，楽曲によっては，演奏データが提供されているものもあり，それを利用する方法もある。

〈演奏表現を見返す場面での活用〉

　歌唱と同様に，グループ活動で音楽表現の追求をし，自分たちの演奏表現を見返す場面で，タブレットを活用することができる。

③ 音楽づくり

〈ボーカロイドの活用〉

　3～4名で1台のタブレットをもちいて，「ボーカロイド教育版」（ヤマハ）などを使える環境があれば，グループで簡単な歌作りにチャレンジすることができる。最初に歌詞を考えて入力し，その言葉のアクセント（高低）を手がかりに旋律を入力する。入力した旋律を聴いて，自分たちのイメージに合う旋律を試行錯誤し完成させていく。平成29年版学習指導要領解説総則編に，プログラミング的思考というキーワードが示されたが，この曲を完成させていく過程そのものがプログラミング的思考と重なる。

〈即興的な音楽づくりの場面での活用〉

　タブレットで iPad を使用している場合，たとえば，アップル社で提供している「GarageBand（ガレージバンド）」というアプリ（ソフト）を利用することができる。3～4名で1台のタブレットをもちいることができる環境であれば，グループで即興的に音楽づくりを楽しむことができる。楽器の音やリズムパターンを聴き，それらを自由に組合せることよって，音楽の流れを自由に作り出していく。自分の声や楽器の音を入れて，それを加工することができる機能もある。

〈デジタル教科書の活用〉

　近未来に学習者デジタル教科書（音楽）が発売され，1人1台のタブレットで使用できるようになると，簡単なリズムづくりや旋律づくりを容易におこなうことができるようになる。各タブレットと電子黒板がネットワークで接続している環境であれば，それぞれのオリジナル作品を電子黒板で一斉に見たり，それを鑑賞したりすることができるようになる。

〈プログラミングの活用〉

　タブレットで「Scratch（スクラッチ）」などをもちいることができる環境であれば，音に関わるプログラミングを気軽に体験することができる。音の高さ，音の長さ，音の強さなど，音楽の要素そのものに注目しながら学習を進めていくことができるようになる。

④ 鑑　　賞

〈デジタル教科書の活用〉

　デジタル教科書の画面を電子黒板に提示すると，楽曲の主要な部分の楽譜を確認しながら，音源を聴くことができるので，楽曲の構造などの理解のしやすさにつながる。将来的に，CD や DVD といったメディアをまったく使用せずに，デジタル教科書に掲載されている楽曲名または楽譜をクリックするだけで音楽を鑑賞することができるようになるだろう。さらに，近未来のイメージとなるが，音楽室に自動演奏機能付きグランドピアノが設置されている環境であれば，デジタル教科書に掲載されているピアノ曲の曲名をクリックするとピアノ演奏を生演奏で鑑賞できるというような時代がくるかもしれない。

〈インターネットの活用〉

第6章　音楽科とICTの活用

韓国側（日本のスクリーンより）

日本側

図6-3　合同遠隔授業の様子

　YouTubeなどの動画投稿（共有）サイトには，同じ楽曲でもさまざまな演奏家による演奏が投稿されており，演奏家による音楽表現の違いなどを味わうことができる。なお，教師は，事前に，著作権上の問題がないか確認しておく必要がある。

〈タブレットを用いての個別鑑賞〉

　将来的に，1人1台のタブレットが使用できるような環境にあれば，個別鑑賞も可能となる。たとえば，サン＝サーンス作曲の「動物の謝肉祭」を取り上げ，全14曲（「序奏とライオンの王の行進」「めんどりとおんどり」「らば」「かめ」「象」「カンガルー」「水族館」など）を自由に鑑賞できるようにし，そのなかで自分が最も気に入った曲は何か，そして，その理由は何かについて音楽を形づくっている要素に注目して考え，最後に発表し共有していくというような授業の展開を考えることができる。

〈テレビ会議システムの活用〉

　テレビ会議システムを使用できる環境にあれば，遠隔地の学校と通信回線で接続することができるようになる。音楽室にいながらにして他校との交流演奏会が実現できる。

　図6-3（写真）は，筆者らが2014年に企画した授業実践で，日本の中学校と韓国の中学校との合同遠隔授業である。それぞれの国の伝統音楽文化を紹介したり，通信回線で接続され同時に演奏を可能とした自動演奏機能付きグランドピアノの伴奏で同じ曲を同時に歌ったりする実践をおこなった。

（2）教師が活用

　授業準備の場面で，教材研究，教材作成，ワークシート作成などを目的としてICTを活用することができる。インターネットを利用して教材に関わる情報を検索したり，楽曲の音源を聴いたりサンプル楽譜を見たりして楽曲を選曲し，その楽譜をダウンロード（有料）できるサイトも利用できる。たとえば，ミュージックエイト社は，吹奏楽の楽譜を数多く出版しているが，小学生を対象とした器楽合奏用の楽譜も出版している。同社ホームページには，音源やサンプル楽譜が掲載されているので，それらを参照しながら選曲を行うことができる。音楽系ソフトを活用すると編曲や移調が簡単にできるようになる。また，

教師自作のオリジナル曲づくり（作曲）も容易にできるようになる。

　実際の授業場面では，電子黒板を活用することにより，事前に作成した教材や，デジタル教科書の画面を提示することができる。電子黒板がない場合は，パソコンの画面を，プロジェクターを用いてスクリーンに投影すれば，電子黒板の代用となる。

　教師がICTを効果的に活用することにより，教材準備や教材提示の工夫が効率的にでき，これまで以上に魅力的な音楽科の授業づくりへとつながるだろう。

　これまでに記してきた内容を中心に，音楽科で活用できる主要なメディアと，それらのメディアの活用場面を表6-1にまとめる。○は主として児童が活用するもの，●は主と

表6-1　音楽科で活用できる主要なメディアとその活用場面

メディア	歌唱	器楽	音楽づくり	鑑賞
音楽系ソフト	○演奏表現シミュレーション ○練習の場面 ●楽譜作成（編曲，移調など）	○演奏表現シミュレーション ○練習の場面 ●楽譜作成（編曲，移調など）	○リズムづくり ○旋律づくり ●オリジナル教材作曲	
ボーカロイド			○歌づくり ●オリジナル歌唱教材作曲	
インターネット	○声の出し方など（調べ学習） ○練習の場面（音取り，伴奏など） ●教材研究など	○楽器の奏法など（調べ学習） ○練習の場面（伴奏など） ●教材研究など	○曲の作り方など（調べ学習） ●教材研究など	○作曲家，演奏家など（調べ学習） ○動画鑑賞 ●教材研究など
プログラミング			○簡単な旋律づくりなど	
デジタル教科書	○練習の場面（音取り，伴奏など） ●教材提示（楽譜など） ●書き込み ●動画資料提示（発声方法など）	○練習の場面（伴奏など） ●教材提示（楽譜など） ●書き込み ●動画資料提示（楽器奏法など）	●音楽づくりの方法などを提示	●鑑賞教材提示
電子黒板	●楽譜などの拡大提示 ●書き込み	●楽譜などの拡大提示 ●書き込み	●音楽づくりの方法などの拡大提示 ●書き込み	●鑑賞教材の拡大提示 ●書き込み
テレビ会議システム				○他校（遠隔地，海外など）との演奏交流
タブレット	○練習の場面（音取り，伴奏など） ○表現の見返し	○楽器の奏法など（調べ学習） ○練習の場面（伴奏など） ○表現の見返し	○即興的音楽づくり	○動画鑑賞 ○作曲家，演奏家など（調べ学習）

第6章　音楽科とICTの活用

して教師が活用するものとする。

5　活用の留意点

（1）活用の目的を明確に

　音楽科におけるICT活用にあたり，なぜICTを活用するのかという目的を明確にしなければならない。新しいメディアを用いると，その新規性や機器操作だけに児童の関心が集中してしまい，結果的に授業を通しての学びがなかったという事例を聞くことがある。教師は授業を設計する段階で，授業のねらいを達成するために，ICTを授業のなかでどのように位置づけ，その活用の目的は何かについてしっかりと検討しておくことが大切である。

（2）新しいメディアをまずは使ってみる

　蓄音器が世の中に誕生したときに，人が実際に演奏しない音楽鑑賞は，もはや音楽的な行為とはいえないという批判があったという。外界を完全に遮断し，ヘッドホンをもちいての音楽鑑賞は，もはや音楽的な行為ではないという批判があったという。いつの時代も，新しいメディアが誕生したときには，つねに批判的な声があるという。しかしながら，マクルーハンのいうように，新しいメディアの登場は，その時代に生きる人たちの生活スタイルさえも変えてしまうことがある。新しいメディアが登場し，それを使うチャンスがあれば，まずは使ってみることをお勧めしたい。教師自身が使ってみること，そして，授業でも使えそうならばまずは使ってみるとよい。

　前項で「活用の目的を明確に」と記しておきながら，本項では一見矛盾するようなことを記しているが，まずは使ってみなければわからないということである。たとえ話としてはやや飛躍するが，スマートフォンを初めて購入する場面を想定してみたい。まずは購入し，実際に使ってみることにより，その活用の目的が明確になっていくのではないだろうか。実際に使ってみなければ，その活用の目的さえもつかめないのである。

（3）できなかったことをできるように

　マクルーハンは，メディアは人間の身体の機能を拡張するものであるとし，たとえば，自動車や自転車は足の機能を拡張したものであり，蓄音機のことは耳の機能の拡張で，「壁をもたない音楽ホール」といっている。新しいメディアは，人間の身体の機能を拡張してきたのである。

　音楽科では歌唱，器楽，音楽づくり，鑑賞の4つの活動があるが，そのなかで，とくに音楽づくりについては，限られた時間のなかでは取り扱いにくい分野とされてきた。しかし，ボーカロイドやタブレットを活用することにより，音楽づくりを気軽に導入すること

75

ができるようになり，音楽づくりが児童にとってより身近なものになる可能性がある

　一方で，マクルーハンは，メディアは人間の機能を拡張するが，その反面で衰退させてしまうことがあるともいっている。たとえば，ボーカロイドの活用により，自らが声を出す機会が減ってしまうのではなく，むしろ，ボーカロイドの活用で，自ら声を出す機会が増えたというような活用方法となるように留意したいものである。

（4）協働の学びを大切に

　1人1台のタブレットが使用できるようになると，個のペースを大切にして学習を深めることができるようになる。しかし，その学習が個にとどまるのではなく，個からグループへ，グループから全体へと発展させ，仲間と協働で学習を深めていくことができるよう授業の展開を工夫していくことが大切である。

（5）音楽の本質を見失わない

　自ら歌ったり，自ら楽器を奏でたり，仲間と歌ったり，仲間と楽器を奏でたり，そして仲間と一緒に音楽を鑑賞したりというような活動は，音楽の本質的な行為である。そこに音楽の喜びを感じ，音楽の喜びを共有することができるのである。未来において，メディアがいかに進化しようとも，音楽の喜びの本質は変わらない。メディアの活用により，その喜びの機会を，これまで以上に広げられるような活用方法でありたい。

6　未来の可能性

　ARという言葉を聞くようになった。ARは，「Augmented Reality」の略称で，拡張現実という意味となる。現実の世界に何か別の情報を加え，現実を拡張するという技術やその手法のことである。最近話題となったARの具体例として，「ポケモンGO」というアプリで，スマートフォンのカメラと画面を用い，公園などの現実世界にポケットモンスターが現れ，それを探し捕まえて戦うという体験型ゲームがある。音楽科の授業でも，将来的に，音楽室にいながらにして，憧れのミュージシャンと一緒に演奏するというようなARの世界や，音楽室にいながらにして，太陽の光が降り注ぐ草原や，海辺で歌ったりというようなARの世界をつくりあげることができるかもしれない。

　今後，音声や映像に関わるメディアがさらに進化すれば，聴覚情報や視覚情報のクオリティはこれまで以上に高くなるだろう。マクルーハンのいう人間の機能の拡張という視点から考えると，人間の感覚器官を拡張させることにつながる可能性がある。感覚器官への刺激は，人間の心を動かすことにつながるものである。メディアの進化とともに，音楽の感動や喜びがさらに深まり広がっていくことを願いたい。

参考文献

佐伯胖・藤田英展・佐藤学（1996）『学び合う共同体』東京大学出版会。

M・マクルーハン，栗原裕・河本仲聖共訳（1987）『メディア論——人間拡張の諸相』みすず書房。

文部科学省（2017）「小学校学習指導要領」

文部科学省（2017）「小学校学習指導要領解説総則編」

（齊藤忠彦）

第7章

異文化の音楽

　本章の1では，広範な意味に解釈できる「異文化の音楽」を，「子どもたちにとって比較的なじみのうすいと思われる音楽」（藤井 2014：60）と捉える。2では異文化の音楽がどのように研究されてきたのかを，「比較音楽学」と「民族音楽学」の点から整理する。これらの研究は「文化進歩主義」から始まったが，現在では「文化相対主義」に立脚していることを忘れてはいけない。すなわち世界にはさまざまな国や地域，民族があり，そこに住む人々がそれぞれに独自の文化や音楽をもち，それらに優位差はないという考え方である。

　3では異文化の音楽を学習する意味として，学習指導要領の記述をおさえつつ，この学習が学習者にとって自文化を見つめなおす機会となることを知っておきたい。4では授業実践を紹介する。

1　異文化の音楽とは

　小さい頃，友達の家に遊びに行き，そこでなにかしら「あれ？　うちとは違う」と感じたことはないだろうか。これは異文化との接触から生まれた感覚である。もちろん海外に旅行したとき，日本とは違う食べ物，風習，文化，建築物等と接して生まれる違和感も異文化と接触したことによって生じたものである。

　かつて和服を着て日常生活を送っていたころの日本人は，洋服を着た人を見て奇異に感じたことだろう。しかしいまの日本では，同じ日本人でも日々を和服で過ごしている人のほうを珍しく思うだろう。そうすると過去の日本人と現在の私たちとの間に文化的相違があるといえよう。

　ある文化に所属する人が異なる文化に接触した（入った）ときに生じる相違感から，異文化の存在を知ることは誰もが納得するところだろう。そして一般に異文化といった場合，私たちは，私たちが住むこの日本以外の地で育まれた社会や文化を想像するだろう。そのため異文化の存在を，民族，地域，また宗教等の単位で考えることが多い。これは当然の考え方である。一方，先に述べたように，異文化は私たちの身近にもあり，また時代で捉えた場合も，同じ民族や地域のなかで異文化をみつけたり知ったりできるのである。異文化は他国ならず，自国の「古今東西」にも存在する，私たちはそういった認識を前提にしておくべきだろう。しかしこのように異文化を厳密に，本義的な意味で理解し，そこから異文化の音楽を考えると，自国の過去の音楽，またすぐ隣の地域に存在する音楽をも対象

にしなければならなくなり，学習者である子どもたちに混乱を生じさせることになる。よってここでは異文化の音楽を「子どもたちにとって比較的なじみのうすいと思われる音楽」（前掲）と，ゆるやかに捉えておきたい。

2 異文化の音楽はどのように研究されてきたか

　イギリスでおきた産業革命が西欧諸国に伝播し，その結果18世紀後半から19世紀にかけて交通網が発達，人や物が国境を越えて飛躍的に往来するようになった。そして西欧諸国による植民地化政策が進み，それまで西欧で知ることのなかった文物が諸国にもちこまれ，また人々が異国に足を運び，それら文物がやがて研究対象となっていった。音楽についても同様である。現在，バッハ，モーツアルトやベートーヴェンなどの作曲家たちがつくりだした音楽を総称する，いわゆる「西洋音楽」を主とした音楽家や音楽研究者たちには，それまで知らなかった楽器や響きをもつ他国の音楽が刺激となり，それらを西洋音楽の手法にも取り入れ，また研究対象としていった。

　もちろんこういった異国の音楽（響き）が西洋音楽に影響を与えたのは，この時期だけのことではない。たとえば有名なモーツアルトのピアノ独奏曲〈トルコ行進曲（ピアノソナタイ長調 K.331）〉の三楽章も，オスマントルコの軍楽隊の打楽器の音を模していることを考えあわせると，つねに音楽（文化）は異文化の音楽を吸収しながら，そこから新しい音楽を醸成していることがわかる。しかし19世紀の前後は，西欧諸国にはない音楽，すなわち異文化の音楽を研究しようとする姿勢が，それ以前の時代よりもはるかに重んじられるようになった。

　そうした研究の初期，西欧諸国は，自国の音楽と他国の音楽との違いを，音の調子や音の高さなどの「音律」によって，とくに楽器の比較を通して考えようとした。そのため，こういった異国の音楽の研究を「比較音楽学」と総称した。この学問が成立するのは19世紀後半から20世紀初頭である。この時代は，西欧諸国によるアジアへの植民地政策がおこなわれつつあった時期と重なったため，研究の対象はアジアの国々の音楽であった。

　比較音楽学時代の研究として特記すべきは，ドイツのクルト・ザックス（Curt Sachs, 1881-1958）等による，MHS 方式という楽器の分類法である。この分類法は，世界中の楽器を分類するために考えだされ，現在でもつかわれている。MHS とはこの方式を発案したマイヨン（Victor C. Mahillon），ホルンボステル（Erich von Hornbostel），ザックスという研究者の頭文字をとって名づけられたものである。MHS 方式は，楽器を発音体（音をつくりだしているもの）でわけようとするもので，これによって世界中の楽器を「体鳴楽器（カスタネット，トライアングル等の楽器本体が振動して音を発するもの）」「気鳴楽器（クラリネットやフルートのように管のなかで空気を振動させ音を発するもの）」「弦鳴楽器」「膜鳴楽器（太鼓等）」の四名称で，分類することができるようになった（のちに「電

鳴楽器（電気をもちいた楽器）」が追加される）。

　比較音楽学では，楽器の形態や音楽そのものを，西欧のそれらと即物的に比較し，異文化の音楽を研究しようとしていた。しかしあらゆる音楽には，風土，地域，音楽をつくりだす人々の考えが影響していることはいうまでもない。そういった音楽の背景を研究する必要があるという考え方が生じ，やがて1957年にオランダのヤープ・クンスト（Jaap Kunst, 1891-1960）が「民族音楽学」を提唱し，音楽や楽器の創作や伝承を支える人々，そしてその文化的・社会的背景についても研究するようになった。

　ここで注意すべきは，「民族音楽学」の「民族」は，西欧諸国以外の民族を意味したことである。実際には，モーツアルトもベートーヴェンも西欧の「民族」から生まれた音楽であるにもかかわらず，それら西洋音楽は「民族の音楽」とは捉えられていないことであった。こういった考え方は，当時の西欧では通例であった。その根底には，西欧文化中心主義や文化進化主義，すなわち文化は「未開」から「文明」へと進化・発展するという考え方があったからである。音階に例をとると，たとえば世界に多々ある五音音階（例ドレミソラド）は，西洋音楽でもちいられている7音階（ドレミファソラシド）に到達する，発展途上の音階であると考えられていた。

　西洋音楽を頂点として，そこに到達するまでの未成熟な音楽を「民族音楽」とする考え方から脱するきっかけとなったのが，「文化相対主義」という考え方である。これは1920年代，アメリカの文化人類学者ボアズ（Franz Boas 1858-1942）によって提唱された。それぞれの社会（民族，集団，共同体など）は異なった歴史的背景をもち，そこで形成された文化はそれぞれ個性をもつので，自国（この場合西欧諸国）の考えや価値観を基準として価値の優劣を論じることはできない，という考え方である。文化相対主義によって，それぞれの地域や民族の音楽文化に固有の価値を認めるという考え方が一般的になった。すなわち世界にはさまざまな国や地域，民族があり，そこに住む人々がそれぞれに独自の文化や音楽があり，それを研究することは音楽の多様性を理解する助けとなるとともに，他文化を知ることは自文化を客観的にみて（相対化），自国の音楽的立ち位置を確認できうる，という考え方である。このような考え方の延長上で，研究対象は無文字社会を含む世界各国の音楽文化へと拡大していく。音楽研究でこのような姿勢をさらに推し進めたのがアメリカのアラン・メリアム（Alan O, Merriamu 1923-80）であった。

　そして現在では，かつて古い考え方による民族音楽の「研究対象」となっていた日本が，世界の民族音楽研究をリードしていることを忘れてはならない。文化相対主義に立ち，研究した成果を「現地からもち帰る」だけではなく，「あなたたちの音楽はこういった意味をもっている」等々の文化的意味を現地の研究者に還元し，現地との「互恵関係」をめざそうとするのが日本の研究者の姿勢である。こういった考え方を「新しい応用音楽学」と呼んでいる（なお，日本では過去に「異文化の音楽」の研究を応用音楽学と称した時代があったが，それとは異なるため，あえて「新しい応用音楽学」とした）。

第7章　異文化の音楽

3　異文化の音楽を学ぶ意味

　なぜ，音楽科教育で異文化の音楽を学ぶ必要があるのだろうか。まずは，異文化音楽を学ぶ法的根拠をおさえておきたい。教育基本法第2条に掲げる「教育の目標の五」に次のように記されている。

> 　伝統と文化を尊重し，それらをはぐくんできた我が国と郷土を愛するとともに，他国を尊重し，国際社会の平和と発展に寄与する態度を養うこと。

　これをうけて，2008（平成20）年1月，中央教育審議会答申（文部科学省 2008：3）の音楽科改定の基本方針として次のように示された。

> 　国際社会に生きる日本人としての自覚の育成が求められる中，我が国や郷土の伝統音楽に対する理解を基盤として，我が国の音楽文化に愛着をもつとともに他国の音楽文化を尊重する態度等を養う観点から，学校や学年の段階に応じ，我が国や郷土の伝統音楽の指導が一層充実して行われるようにする。

　さらに2016（平成28）年12月に中央教育審議会が出した答申「幼稚園，小学校，中学校，高等学校及び特別支援学校の学習指導要領等の改善及び必要な方策等について」のなかの，「各教科・科目等の内容の見直し」（文部科学省 2016：164）のなかでも，次のように表記されている。

> 　グローバル化する社会の中で，子供たちには，芸術を学ぶことを通じて感性等を育み，日本文化を理解して継承したり，異文化を理解し多様な人々と協働したりできるようになることが求められている。このため，音楽に関する伝統や文化を尊重し，実感的な理解を深めていくことが重要である。

　この考え方は，さきの平成20年の考えをさらに一歩前に進めたもので，ただ理解するだけではなく「協働」できることを目指している。これは2017（平成29）年指導要領改訂の目的のひとつである，「知る」だけではなく「なにができるようになったのか」ということに重点をおいた考え方を示したものであろう。また小学校学習指導要領解説音楽編には「音楽を特徴付けている要素及び音楽の仕組みの多くは，特定の音楽に関わるものではなく，世界の様々な国や地域の音楽に含まれているものある」（文部科学省 2017：26）等の記述でみられるように，「異文化の音楽」の学習は，私たちが主に学んできた西洋音楽と並

81

列的におかれていることがわかる。

なぜ異文化の音楽を学ぶことが，音楽科教育において必然となってきたのだろうか。そこには学習者にもたらす教育効果が多々あるからであろう。藤井浩基は異文化の音楽を学ぶ意義とねらいとして，① 音楽の多様性に気づき，尊重する態度を育てる。② 国際理解・国際交流。③ 多文化共生への課題と展望の三点を挙げている（藤井 2014：61-62）。少し長いが重要な指摘であるため，そのまま引用したい。

音楽の多様性に気づき，尊重する態度を育てる

子どもたちが，なじみのない異文化の音楽を聴いたとき，「おもしろい」と関心を示す場合もあれば，その逆もあるでしょう。（略）子どもたちが生涯にわたって音楽に親しんでいくことを期待すれば，将来どこかでその音楽にふれる機会があるかもしれません。「世界にはこんな音楽があるんだ」という素直で新鮮な発見が，異文化，そして他者の存在に気づく第一歩になります。（略）音楽の多様性に気づき，社会のなかでの音楽の役割や，人と音楽の関係について考察を深めることで，多様な音楽文化を尊重する態度が育ちます。

国際理解・国際交流

音楽は言語と並んで異なる文化をもつ人が互いに理解をし合うための重要な媒体です。「音楽は世界の共通語」といわれがちですが，人は異なる文化的・社会的背景をもっており，容易に理解し価値を共有できる音楽は限られています。だからこそ国際理解や異文化理解に資する音楽の学習をしておくことが必要なのです。

多文化共生への課題と展望

「多元文化共生」は「国籍や民族などの異なる人々が，互いの文化的違いを認め合い，対等な関係を築こうとしながら，地域社会の構成員としてともに生きていくこと」（総務省 2006：5）です。日本の学校においても，地域のなかで，異なる文化をもつ人との交流を通して，異文化を理解し共生をめざす事例が蓄積されつつあります。ますます進む少子高齢化やグローバル化を念頭に，多文化共生を視野に入れた異文化の音楽の学習について，模索していく必要があります。

上記の藤井の記述は，異文化の音楽を学ぶ意義を的確に提示している。さらに，この三点に補足しておきたい考えが次の二点である。

本来，異文化を理解することは自分の文化の殻から抜け出して別の文化の殻にはいることによって得ることができるものである。しかしそのような体験はすべての人ができるものではない。実際上できないからこそ，少しでも「学校」という場で異文化に触れることが大切だという基本姿勢である。これが一点である。

第7章 異文化の音楽

　もう一点，異文化の中でこそ自分の文化を再認識できることである。すなわち自文化を「考える」きっかけになるのである。異文化を理解することの意義は，自分たちにないもの，あるいは共通するものをそのなかに発見して，それが自文化ではなぜ育たなかったのか，あるいはなぜ共通しているのか考えるきっかけとなる。「異文化の音楽」を学ぶことは，私たちが主に学んでいる「西洋音楽」を見直すことになり，まさしく2つの音楽の学習は「互恵関係」にあるといえよう。異文化の音楽（に限らず文化）を学習するということは，自文化を見つめなおす機会にもなるのである。

4 異文化の音楽の授業をつくる

（1）日頃から大切にしたいこと

　最初に異文化の音楽学習を進めるうえで，教師が日頃から留意すべきことを述べる。

① 異文化の音楽を育てた文化も学習すること

　異文化の音楽は，「なりひびく音」と教師の説明だけでは理解しづらい。もちろんこのことを逆手にとって授業をつくることはできるが（後述），異文化の音楽は，演奏者の衣装や演奏している状態，使われている楽器などを，視覚を通して総合的に知ることによって理解が深まることはいうまでもない。幸いにも現在はインターネットが発達しているため，実演を YouTube 等で見聞きすることができるし，また教科書会社等が出している「世界の音楽」や「民族音楽」というタイトルの DVD の視覚教材は，そのなかに収録された曲の解説もはいっているのでそれらも利用したい。

② 地域の力をいかすこと

　現在の日本には，多様な外国の人々が居住している。そのようななかで異文化の音楽を実演できる人，その国の音楽について説明をしてくれる TA をみつけることができるだろう。そうした外国の人々が，演奏の「プロ」である必要はない。異文化の音楽を自国の誇りとして，日本の子どもたちに紹介し，そこから日本人との関係を強くしようと思っている人は多々いる。このことは反対の立場になればよくわかるだろう。たとえば外国に住む私たちが「箏」について教えてほしいという依頼があった場合，自分が演奏できなくても同じ日本人で箏のできる人を探し，みつかれば紹介し，私たち自身も再度，「箏」について勉強しようとするはずである。これは日本に住む外国人も同じである。地域の外国人に TA をお願いすることは，結果的にその外国人に自国の音楽の見直しの機会を与えることにもなり（もちろん外国に住む日本人も同様である），それが自国の音楽に対する見直しにつながるのである。地域の外国人の力を借りることは，日本人との「互恵関係」を生み出すことにもなるだろう。

83

（２）授 業 事 例

　異文化の音楽のための授業事例としては，本項で取り上げる以外に，藤井の論考にも有益な事例（藤井 2014：64-67）が示されているので，ぜひ参照してもらいたい。

① 異文化の音楽を模倣しよう（２時間構成）

　異文化の音楽を学ぶには，音声だけではなく動画映像によったほうが，理解が深まることはすでに述べた。一方，動画を最初から見せると，どうしても学習者の思考が動画に集中し，音そのものへの興味が薄くなるのも事実であるので，まずは音楽だけを授業の題材にし，学習活動の後，動画を学習者に提示するとより理解が深まるのである。

　以下の授業例の概要は高学年を対象としている。

　オーストラリアの先住民族アボリジニの音楽に使われるディジュリドゥという楽器がある。これはアボリジニが1000年以上にわたって伝承している楽器といわれている。シロアリがユーカリの木の中を侵食して，空洞になったものを楽器としていたと伝えられている。この楽器は，女性が吹くと妊娠する，あるいは妊娠しなくなるという言い伝えがあるため男性しか吹いてはいけないとされている。

　一時限目の授業では，この楽器の音だけを聞かせて，グループに分けた子どもたちに「どんな楽器やものをつかってもよいからこの音楽を模倣しよう」という活動を組む。子どもたちはこれまで聞いたことのない音（音楽）を再現しようと活発に活動する。そのためにグループが何度も模倣しようとする音楽を聴ける学習環境を準備したい（CD を複数つくりグループごとに配布する等）。またこの活動はアクティブ・ラーニングを取り入れた授業としても成立する。二時限目の前半ではグループごとの発表をし，その後実際の映像を見せる。映像を見せたときの子どもたちの驚きはいうまでもない。

　この授業事例はさまざまな異文化の音楽の学習で応用できよう。たとえば，イヌイットの「口琴」なども，手軽でわかりやすい題材となるだろう。

② 私たちと共通のものをみつけよう

　この写真７-１の楽器は中国の長い歴史のなかでも，最も古い楽器である「古琴（クーチン）」である。3000年以上の歴史のある楽器で，日本には遣唐使にとってもたらされ，『源氏物語』などにも登場する楽器である。しかし，平安時代末期には，日本ではあまり使われなくなる。

　この楽器を見せて，次のようなことを子どもたちと一緒に考えてみるのも興味深い授業となる。

　　(1) 日本の箏との違いについて意見を発表させる。

　　(2) 日本の箏と古琴とはどのように音色が違うだろうか（子どもたちの意見が出た後で，実際に音で聞いてみる）。

第7章　異文化の音楽

写真7-1　古琴
(写真提供) 古琴奏者　高欲生氏

(3) なぜ中国では現在も演奏されて，日本では絶えてしまったのだろうか等々。

　この授業で大切なことは「正解」がなくてもよいことである。とくに(3)の設問では答えなどみつからない。この音楽や楽器を通して音楽という文化の「多様性」を考えさせることが肝要である。

③　不思議な日本を発見しよう！

　異文化の音楽を学ぶことは，異文化理解に通じることはいうまでもない。しかし，私たちは，ときに異文化「誤解」をもっていることも事実である。たとえばアフリカのケニアといえば，大草原で野生の動物たちをイメージするが，実際のケニア首都圏は，高層ビルとたいへんな人がひしめいているところである。このように考えると，我々が異文化を捉えるときに，先入観からイメージしたものを事実と思っていることがある。異文化の音楽の学習をとおして，私たちがもつ異文化への「誤解」を考えてみるのも興味深い授業となる。

　オペラ《蝶々夫人》は，G. プッチーニ作曲による2幕3場のオペラである。作曲年は不明であるが，1904年2月17日イタリアのミラノで初演された。長崎を舞台に，アメリカの海軍士官に裏切られた蝶々夫人の悲劇を扱ったものである。しかしこのオペラでは，最新の上演を収録したDVDでもなにかしら，日本人が観ると「うん？　これは日本？」というところがたくさんある。もちろん長いオペラだから，授業時間内ですべてを鑑賞することはむずかしいが，大体のあらすじを説明した後，一幕だけを観ると，そこに出演している「日本のお坊さん」役や，村人等の衣装が奇異に感じられる。たとえば，2004年に出されたDVD（COBO-5915）でも，非常に奇異に感じさせる場面が多々ある。それらを事前に教師は知り，子どもたちと一緒にゲーム感覚で不思議な日本を探すのも，日本に対する異文化「誤解」を知ることになり，そこから我々が陥りやすい先入観による異文化「誤解」を考えるきっかけとなろう。

85

参考文献

徳丸吉彦（2016）『ミュージックスとの付き合い方』放送大学叢書。

藤井浩基（2014）「異文化の音楽を学ぶ」『音楽の授業をつくる』大学図書出版。

根岸一美・三浦信一郎（2004）『音楽学を学ぶ人のために』世界思想社。

（田中健次）

第8章

日本の伝統音楽

2017（平成29）年の小学校学習指導要領解説音楽編では，「我が国や郷土の音楽に親しみ，よさを一層味わうことができるよう，和楽器を含む我が国や郷土の音楽の学習」を充実させることが求められている。また学習指導要領の指導計画の作成と内容の取扱いでは，「我が国や郷土の音楽の指導に当たっては，そのよさなどを感じ取って表現したり鑑賞したりできるよう，音源や楽譜等の示し方，伴奏の仕方，曲に合った歌い方や楽器の演奏の仕方などの指導方法を工夫する」よう求められている。本章では，まず日本の伝統音楽の特性について音色，音階，リズム，精神性の視点から解説し，その特性を生かした授業のための留意点について述べる。最後に，日本の伝統音楽の授業実践案を提案する。

1 日本の伝統音楽の特性

日本の伝統音楽には，祭事や儀式にともなって演奏された雅楽や声明，舞台上演を目的とする能楽・長唄・浄瑠璃，庶民の生活のさまざまな場面で歌われた民謡など多くの種目がある（図8-1）。さらに浄瑠璃が義太夫節，常磐津節，清元節，一中節，河東節などに分かれているように，1つの種目から複数の流派が創出されている。ある伝統種目から新しい種目（流派）が生み出されても，それ以前の種目（流派）はなくならず，両者が並列的に存在することで豊かな伝統が守り育てられてきた（小泉 1977：29）。このように音楽が演奏される社会的状況や目的，あるいは歴史，地域性，流派などによる多重構造を成していることが日本の伝統音楽の特徴である。その一方で，このような膨大な種目や流派の数とそれにともなう音楽性や様式の多様さが，私たち現代の日本人にとって日本の伝統音楽がより複雑なものとして感じられてしまう一要因となってしまっている。

日本の伝統音楽において，音や音色のこだわりは重要な特性のひとつである。たとえば，長唄，地歌，義太夫節や常磐津節などで用いられる三味線は，それぞれの種目や流派によって求められる音色の違いから，その皮の厚さ，駒の重さや形，糸の太さ，棹の太さ，撥の形などが工夫されてきた。一例を挙げると，「太い，しわがれた声で，深い，強い表現を好む」義太夫では，太棹，重い撥と駒，太い糸がもちいられ，また「からっとした，曇りのない明るい表現」が特徴の江戸長唄では，細棹，薄い撥，軽い駒がもちいられる（小泉 1977：23）。また三味線のさわりは，糸が棹の上部にある「サワリ山」にさわることでビーンという独特な噪音的音色を生み出す。純粋な楽音ではない音色を求め，音色そのものに特色を生み出すところに，やはり音色への日本人のこだわりがみえる。また尺八は，

87

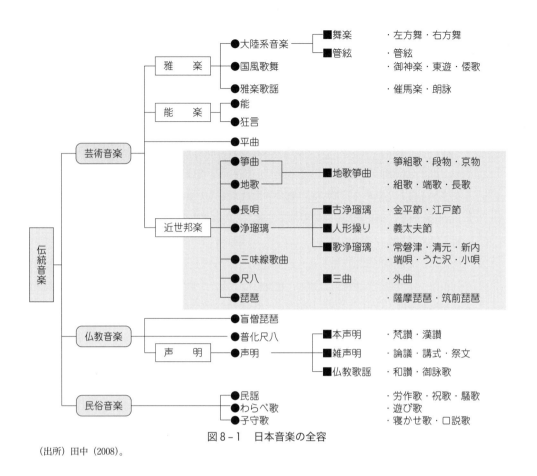

図 8-1　日本音楽の全容

（出所）田中（2008）。

実に多彩な音色をもつ楽器である。奏法のひとつである音を揺らすユリは，ヨコユリ，タテユリ，息ユリ，回シユリ，竹ユリ，振り切り，オトシなどに分けられており，微細な音色への追求がみてとれる。

　日本の伝統音楽では，その種目や地域によってさまざまな音階が使われていることも1つの特徴である。小泉は，完全4度を1つの枠（テトラコルド）として，その枠の両端の音である核音をつなぐ中間音の位置によって，日本の伝統音楽の音階を4種類に分類した（譜例8-1から8-4）。日本の伝統音楽の旋律は，基本的にこのテトラコルドを上下に接合した音列に沿ってつくられている。たとえば，雅楽で用いられる律音階は，完全4度の2つの核音の間を長2度と短3度に中間音が分割したものといえる。日本で用いられている音階は，これらのテトラコルドの組み合わせとして説明が可能である。

　日本の伝統音楽のリズムは，基本的に2拍子であるが，西洋音楽のような「強拍」と「弱拍」という強弱の要素から拍子を捉えるのではなく，「表間」と「裏間」というような拍を前後に分けた位置関係で捉えるところに特徴がある。また，その拍はいつも同じ長さではなく，あるときには伸びたり縮んだりという拍の伸縮がなされる。そして，「間」は単なる休止ではなく，「楽音と楽音の間にある時間的空間の『無音』という音」であり，独特の感性である（田中 2008：22）。

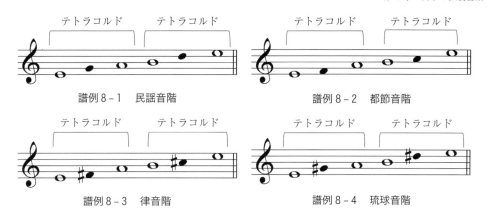

 そして日本の伝統音楽では，その精神性も大切な特性である。吉川英史（1979）は，「和敬清寂」という芸道精神が日本の伝統音楽に通じていると述べている。「和」とは，調和の和のことであり，人と人との和ということと同時に音の調和のことである。この和の精神は，日本の伝統音楽では長唄の「合の手」や三曲の「手事」のなかの「掛け合い」などに表われている。そこでは，どれか1つの楽器が独奏楽器で他が伴奏楽器であるという関係ではなく，ある楽器が目立てば，次は控えて，他の楽器に譲り渡すというような音楽形式がみられ，倫理的概念としての「和」が影響を及ぼしている。「敬」とは，相手を尊重する精神であり，長唄において立三味線を引き立てるツレ三味線や，楽器を神聖視し尊重するところなどに表われている。「清」とは，すがすがしさや整然とした心のあり方であり，演奏者の姿態や音楽の内容そのものに表われている。日本の音楽観では「最も美しい音楽は，最も清らかな姿態から出るものである」（同：78）と考えられている。端正な態度，優雅な手さばきなど視覚的な美が聴覚的な美と融合しており，このため「行儀作法」の正しさが大切にされてきた。「寂」とは，静けさ，わびしさ，さみしさ，枯淡，簡素などに通ずる日本美的性格である（同：91）。日本の伝統音楽の，「速度の緩徐」なところ，「音量の小さい」ところ，「邦楽器の簡素さ」，「音そのものの単純性」（同：89-106）に表われている。

2 日本の伝統音楽の特性を捉えた授業

 日本の伝統音楽がこだわり大切にしてきた繊細な音楽の変化は，西洋音楽の視点からでは捉えきれない音楽性を内包している。拍節的でないリズムや声部の微妙なずれなど日本の伝統音楽がもつ音楽性を「西洋音楽を基準としたフルイ」にかけて聴いてしまっては，そのよさを味わえない（小泉 1977：22）。したがって，音楽の授業においては，日本伝統音楽がもつ特性を考慮しながら学習を進める必要がある。
 ここでは，日本伝統音楽の特性や認識法から捉えた音楽授業の重要性に関する伊野の研

究を取り上げたい。

　平成20年改訂音楽科学習指導要領に共通事項が導入され，音楽を特徴づけている要素や音楽の仕組みの観点から授業を構成することが中心となってきた。しかしながら，伊野はこうした授業構成を安易に日本の伝統音楽の授業に適用することに対して注意を促している。

　私たちは，日本伝統音楽のような慣れない音楽様式を理解するときに，馴染みのある音楽の様式から理解しようとしてしまいがちである。たとえば伊野は，ムラ息を単に楽器の音色として捉えてしまう見方に異論を唱える。ムラ息は，「音色，音高，旋律，強弱，アクセント，さらには奏法など多くの意味をもった包括的な概念」として捉えるべきであり，これを音色のような単一の要素と捉えることは，偏った音楽の見方や認識の仕方を助長することになる（伊野 2015：70）。

　こうした論点から，伊野は，「教材を丸ごと体験」するなかで，伝統的に用いられてきた用語に着目しながら試行錯誤をおこない，そこから得た気付きを集め，再表現し，言語化し，新たな認識を生成するという日本の伝統音楽の授業構成を提案している。そして，日本伝統音楽の授業実践について，以下のような重要となる５つの点を挙げている（伊野 2010：21）。

① 二分法の発想をしない。学習法を生かし，総体として教える。
・「ドレミ」の歌の世界ではなく，「テーントンシャン」の世界を核として始める。
② 身体性（ことば，日本語の響きや語感，息や身体の使い方）を重視する。
・ことばを実際に発することや響き，語感を大切にし，身体全体でわかっていく。
③ 指導においては，伝統的に用いられてきた用語やその背景にある感性・見方や考え方を大切にして，音楽の概念を把握させる。
・間（表間，裏間），抑揚，型，ふし，拍，拍子，響き，節回し，コブシ，引き色，むら息，産字などといった用語法や発想法を用い，日本語の特性や響き，身体技法を生かしつつ学ばせ，技能的にも概念としても洗練させていく。
・表現を工夫する際，「セーノ，イーヤ，ハッ」などの掛け声や息，間合い，見はからい，拵（こしらえ）といった伝統的な用語を用いる。
④ 個の多様な学び（気付き）を認め，集団の財産としてまとめ，音楽の全体性をとらえさせる。
・子どもの気付きについては，要素を視点として音楽の一部を重点的に観るよりも，集団の多様な気付きを個に還元しながら，総合的にとらえるようにする。
⑤ 西洋音楽の学習と呼応させながら，「音楽を形づくっている要素」の用語も用いて音楽の概念をとらえさせる。

　つまり，日本の伝統音楽について，私たちが馴染みの深い西洋音楽の様式から理解するのでも，それとはまったく異なる音楽として切り離して理解するのでもない。音色や旋律などの音楽を特徴づけている要素だけではなく，身体性や精神性，感性，見方を含む複合

的・包括的な視点から音楽の特徴をとらえることが求められているのである。

　実際に身体を使い，音楽を演奏し，体験することで，そこにはどのような身体の使い方，感性がはたらいているのか，自分の身体をもって探り，実感することになる。伝統的に用いられてきた用語も，自分が演奏することを通すことで，その仕組みや効果を深く理解できるであろう。箏の「押し手」を単に音高の変化や装飾音としてとらえるのではなく，指にかかる重さや痛みなどの身体性がもつ緊張感とともに，その響きを味わうことが重要である。

3　音楽の授業における日本の伝統音楽の実践案

　平成29年版学習指導要領では，我が国や郷土の音楽に親しみ，よさを一層味わえるよう，これまで第5学年及び第6学年において取り上げる旋律楽器として例示していた和楽器を，第3学年及び第4学年の例示にも新たに加えている。ここでは，無理なく取り組むことができ，我が国の音楽のよさを感じ取れる和楽器の中から，箏（こと）を取り上げた実践例を提案する。

(1) 箏の学習の導入

　箏は，13本の絃に柱（じ）を立てて演奏する楽器である。小学校で実践をする場合，調絃などの準備に時間を要するため導入が難しいと感じる部分があるだろう。あらかじめ，調絃を済ませて柱を並べて子どもたちの前に提示するのも一つの方法である。しかし時間が限られた中での実践であるからこそ，子どもたちには自分たちの手で箏を運び，柱を立て，音を鳴らすという経験をしてほしい。なぜならば，ピアノやリコーダーとは違い，演奏するための準備に手間がかかる楽器であり，柱を並べることで初めて箏の音色が出せるという箏の音が出る仕組みを実感させたいからである。

　また，箏の各部は，龍頭や龍角，龍舌など龍の身体にたとえられた名称がついている。龍であると聞いた子どもたちは，箏を単なる物としてではなく命が宿る楽器として，より一層大切に扱い，箏を運ぶときは慎重に運び，箏をまたぐことはしないようにと友だち同士で意識し合う。また，箏の名称を子どもたちと確認しておくことで，龍頭を下にして箏

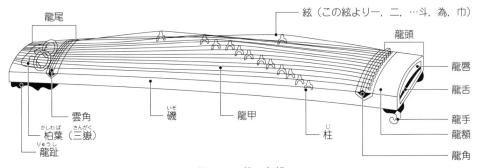

図8-2　箏の各部

を運ぶことや龍角からの位置で弾くときの手の形を指導しやすくなる。

箏は，爪をはめて演奏するが，流派によって形の異なる爪をもち，それにともなって奏者の座り方も異なる。山田流は，「丸爪」（写真8-1）で箏に対してまっすぐ座る。生田流は，「角爪」（写真8-2）であり，爪の角で弾くため箏に対して斜めに座る。また流派によって，楽譜が異なるところ（譜例8-5・8-6）も特徴的である。

箏は柱の並べ方で，いろいろな調絃にすることができる。平調子で合わせる場合，譜例8-7になる。あらかじめ，平調子に調絃をして色鉛筆などで糸に目印をつけておくと子

写真8-1　丸爪

写真8-2　角爪

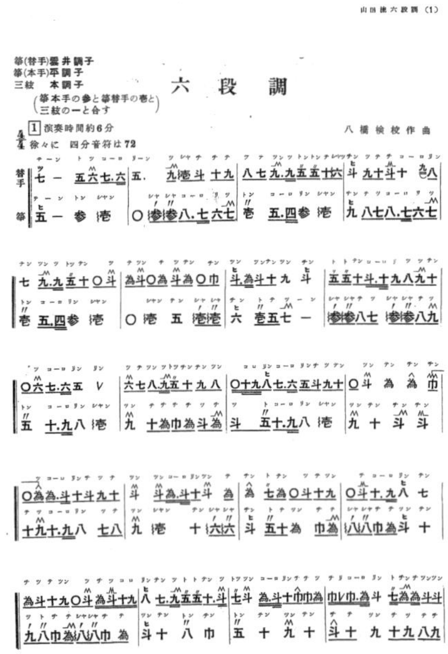

譜例8-5　山田流箏曲楽譜　六段調 　　　　譜例8-6　生田流箏曲楽譜　六段の調

譜例8-7　平調子（一＝E）

どもたちも自分たちで柱を立てやすい。また一の音をEにすると幹音のみで構成することができ，高学年の子どもたちであれば自分たちの力で，リコーダーやピアノなどで音を合わせながらおおよその調絃をすることができる。子どもたちが柱を並べた後に，教師が細かく音程を合わせることで，ぴたりと整った調絃により日本の音階を心地よく味わえる。また，子どもたちが自力で調絃をおこなうことは，柱を動かして柱と龍角までの距離が変わることで変化する音の仕組みやほんの少し柱が動くだけでも音の高さが変化する面白さに気がつくだろう。

（2）箏の音をしっかり鳴らし，余韻を味わう

　初めて箏を弾く子どもたちには，流派に合わせた座り方で，正座のよい姿勢で演奏する習慣を身に付けさせたい。演奏をするときに右手に集中するあまり，左手がおろそかになってしまうが，左手を柱の左側（外側・龍尾側）に置くことを意識することで，きれいな構えができる。

　まずは一音一音を響きのある音でしっかり鳴らすことを意識させたい。初めて箏を弾くときは糸を下から上に爪でひっかけてはじくように弾いてしまいがちだが，「弾いた次の糸で爪を止める」ことを意識して取り組むと張りがあるしっかりとした音が響く。学年が下がれば下がるほどしっかりと鳴らすことは難しいが，「難しいことに挑戦している」と励ますことで，力強い音を鳴らそうと意欲的に練習し一音一音に集中する姿がみられるはずである。また，1つの音を鳴らした後にその余韻が鳴り終わるところを聴き取ったり，親指で巾から一の音まで鳴らす「流し爪」をして終ったときの余韻を聴いたりする活動を取り入れることで，しっかりと音を鳴らすことによる響きの豊かさに気がつくだろう。そして，何より，余韻を聴くことで，しんとした静かな環境を子どもたち自らが作り出し，音色の響きに耳を傾ける大切な時間となる。

（3）右手や左手の奏法を楽しむ

　箏では，右手や左手の奏法によって，微妙な音高や余韻の変化など多様な音色が表現される。ここでは代表的な奏法を抜粋して紹介する。

〔右手の奏法〕

① スクイ爪（ツル）	絃を弾いた後続けて爪の裏ですくって同じ絃を鳴らす奏法。音が連続するときは，ツルツルという。
② かき爪（シャーン）	隣り合う2本の絃を人差し指や中指で同時に鳴らす奏法。
③ 合わせ爪	オクターブ関係やそれ以外の複数の音を同時に弾く奏法。
④ 流し爪（カーラリン）	親指で巾為にアクセントをつけて弾き，絃を撫でるように爪を滑らせて下降し，親指で一二を弾く奏法。
⑤ 引き連（シャーツレン）	中指で一二を強く弾き，手前へ絃を撫でるように爪を滑らせ，最後に為巾を弾く奏法。
⑥ 散らし爪（シュッ）	中指の側面で半円を描くように右から左に絃をかすめる奏法。

〔左手の奏法〕

① 押し手	柱の左側の絃を押すことで音を半音または一音上げる奏法。
② 後押し	絃を弾いた後の余韻を，左手で絃を押すことで，半音または一音上げる奏法。
③ 突き色	絃を弾いた後にすぐに左手で柱の左側の絃を突いて一瞬音を上げる奏法。
④ 引き色	柱のすぐ左側の絃を柱の方へ（左から右へ）弾くことで余韻を下げる奏法。

〔現代の奏法〕

① スタッカート	弾いた音を右手や左手で押さえて音を消す奏法。
② ピッツィカート	薬指などで絃をひっかけてはじく奏法。
③ トレモロ	人差し指に親指を軽く添え，人差し指の爪の角（面を使う場合もあり）で絃を往復させて連続した音を鳴らす奏法。

　これらの奏法を生かす学習としては，奏法を単独で紹介して実際に鳴らすことでその音色を楽しむことや，箏をつかって簡単な旋律を創作するなかで，奏法の工夫も取り入れ，多様な表現を試すなどの方法が考えられる。

（4）〈うさぎ〉や〈さくら〉に挑戦する

　小学校3年生・4年生では，歌唱の共通教材で〈うさぎ〉（譜例8-8）や〈さくら〉（譜例8-9）が扱われ，日本の音階が生み出す音の響きを味わう学習がある。これらの曲を箏で演奏することで，さらに日本の伝統音楽の響きを味わうことができる。

　〈うさぎ〉と〈さくら〉は，双方とも平調子（一＝E）に調絃をする。箏で練習する前に，絃名で歌ったり，唱歌（を歌ったりすることで，指や音の動きを確かめる。歌唱共通教材で歌ったことがある子どもたちは，絃名でもすぐに暗記して覚えてしまうだろう。そして，少しずつ区切りながら教師の範奏の後に続いて弾いていく。ペアやグループで交換しながら練習をおこなう場合，友だちが弾いているときは心のなかで歌うようにし，弾いている友だちの音色にしっかり耳を傾けるようにしたい。友だちの箏がしっかりした音が鳴ると思わず「おお」と声が漏れ出ることや友だちの演奏に聴き入る姿が目に入るだろう。

　〈うさぎ〉をおこなう場合，左手で絃を押し，一音ほど音を上げる「押し手」が出てくるところがある。一音上げる「押し手」は，深く押し込まなければならないため，子どもたちにとっては痛みをともないつらいこともある。しかし，痛みに耐えながら押すことで，その音色の変化が起こることや，人によって音程が異なってしまうところに面白さを感じるだろう。3年生など「押し手」が難しい場合は，四の糸を一音上げてDにしておいてもよい。

　〈さくら〉の旋律が弾けるようになった後は，発展として，核音（E，A）をドローンとするパートを入れた2重奏（この際，ドローンをピッツィカートにするなど奏法の工夫もできる）や，高学年では替え手と合わせた2重奏などで，合わせることの楽しさを味わう

第 8 章　日本の伝統音楽

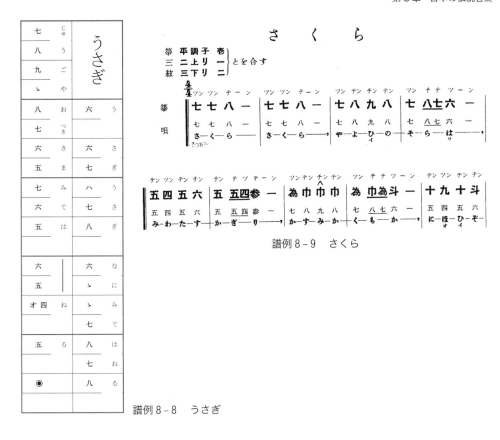

譜例 8-8　うさぎ

譜例 8-9　さくら

ことができる。また，宮城道雄作曲の〈さくら変奏曲〉を鑑賞することで，自分たちが演奏した〈さくら〉との比較から，変奏ごとの表情の違いや右手・左手の奏法が生み出す音色の豊かさを楽しめるだろう。

(5) 自然の音を表現する音楽の鑑賞と音楽づくり

箏の楽曲には，自然の音を表現する楽曲がある。たとえば，宮城道雄作曲の〈線香花火〉は，花火が点火し燃えさかりやがて燃え尽きる様子を，散し爪やスクイ爪など曲中にさまざまな奏法を用いて表現されている。また，吉沢検校の〈千鳥の曲〉では，浜辺で遊ぶ千鳥の様子をスクイ爪や揺り色，流し爪などの奏法により表現されている。

このような楽曲を聴きかせながら，箏のさまざまな奏法による音色の多様さを味わわせ，それらの音色が生み出す，楽曲の雰囲気の面白さを感じ取らせたい。またそれらの奏法を利用しながら，自分が考える自然の様子を音楽づくりによって表現することもできる。

参考文献
伊藤松超・髙尾松蓉共編 (1981)『山田流箏曲楽譜　六段調　本手替手対照』博信堂。
伊藤松超・髙尾松蓉共編 (1983)『山田流箏曲楽譜　小曲集上　歌のふし付き』博信堂。
伊野義博 (2010)「我が国や郷土の伝統音楽を授業で扱う具体的な方法論」『音楽鑑賞教育』2：18-23。

伊野義博（2015）「日本伝統音楽授業における認識法の相克克服へ向けた整理と提案：要素の見方を中心に」『新潟大学教育学部研究紀要 人文・社会科学編』8（1）：69-74。

小泉文夫（1977）『日本の音』青土社。

田中健次（2008）『図解　日本音楽史』東京堂出版。

西川浩平（2003）『知ってるようで知らない　邦楽おもしろ雑学事典』ヤマハミュージックメディア。

宮城道雄『生田流箏曲　六段の調　雲井六段』邦楽社（2011年改訂版）。

文部科学省編（2017）「小学校学習指導要領解説　音楽編」文部科学省HP。

山内雅子（2001）『音楽指導ハンドブック24　日本音楽の授業——伝統音楽のこころを大切にしてきく・うたう・おどる・かなでる・つくる』音楽之友社。

吉川英史（1979）『日本音楽の性格』音楽之友社。

（仙北瑞帆）

第9章

音楽科におけるアクティブ・ラーニング

　　教育はどの国にとっても重要な政策である。なぜならば，国民の教育力をアップさせることが国力をつけ，経済的に豊かな国につながるからである。そのことは，結果的に国民の生活水準を引き上げ，一人ひとりが豊かな暮らしをすることにつながる。開発途上国の子どもたちが「学校へ行きたい」と熱望したり，学校で必死に勉強している姿をテレビなどで見たりした人は多いだろう。現在世界では大きな教育改革の波が押し寄せている。それを一言でいえば，「コンテンツ・ベースからコンピテンシー・ベース」への転換である。しかし，国語や数学などの教科では実践例が多いものの，音楽などの芸術系教科ではあまり多くはなかった。しかし，学校でどんな学力が身に付いたのか説明が求められる時代である。音楽にも「学校の音楽でどんな力が身に付いたのか」を説明する必要に迫られている。本章ではその問題について述べる。

1　学力観の転換とアクティブ・ラーニング

（1）音楽の授業例から

　小学校歌唱共通教材《ふるさと》（6年）の授業例を2つ紹介する。

① その1

　　教師：「じゃあみんなで《ふるさと》を歌うよ」（教師がピアノを弾き始める）

　　児童：「(歌)うさぎおーいし　かの山─」

　　教師：(途中で止めて)「ちょっと待って，うさぎの『う』は口の先をつぼめて歌ってね。ハイもう一度」

② その2

　　教師：「じゃあみんなで《ふるさと》を歌うよ」（教師がピアノを弾き始める）

　　児童：「(歌)うさぎおーいし　かの山─」

　　教師：「はい，よく歌えました。今日はこの歌詞の歌い方を工夫しましょう」（拡大した楽譜を黒板に貼る）

　　　　　「この中で一番強く歌うといいところはどこですか。グループで相談して歌い方を工夫しましょう。」

　児童はグループに分かれて相談を始める。どのように歌おうかワークシートに記入した

97

り，友達と話し合ったりしている。やがて相談がまとまると，リーダーが「じゃあ，実際に歌ってみます」といってグループで歌い始める。

　教師は各グループを見て回り，「どうしてここの部分は強く歌おうと思ったの」ときいたり，「（歌詞の部分を指して）この部分はどのように歌ったらいいかな」ときいたりしている。

　15分くらい経って教師はクラス全員を集め，子どもたちに問いかける。

　　「どう？　できた？」「じゃあ，発表したいグループはありますか」
　　（なかなか手を挙げない。）

　①②ともにこれまで比較的よくみられた音楽の授業例である。

　①は教師主導型，②は児童活動型とみる人もいるだろう。②では，子どもたちがグループになり，話し合いながら表現を工夫しているからである。

　では，この授業をアクティブ・ラーニングといってよいだろうか。確かに一見子どもたちが活動しているようにみえる。しかしそれだけではアクティブ・ラーニングとはいえない。②の授業ではよくみると，児童が追究意欲をもって問題解決に取り組んでいない，グループ活動で学習のねらいに沿って話し合おうとしているが解決のための新たな考えが出てこない，発表の場では思いつきの発言が多く学習のねらいに沿った学び合いが成立しない，等の問題点がみられたからである。

　では，どのようにすればアクティブ・ラーニングによる音楽の授業ができるのだろうか。

（2）新学習指導要領を取り巻く状況

　2017（平成29）年に新しい学習指導要領が告示された。この指導要領の最大のポイントはコンテンツ・ベース（内容中心）からコンピテンシー・ベース（資質・能力中心）への転換である。言い換えれば，「何を知っているか」から「何ができるようになるのか」ということである。すなわち知っていることだけを重視するのではなく，その知識を用いてどのようなことができるようになるのか，ということである。

　このような流れは2000年代に入って世界的な教育改革の流れのなかで起こってきた。それには，グローバル化やICT技術の進歩によって，もはや知識だけでは社会を維持していくのは難しいという考え方が背景にある。たとえば，みなさんも，わからないことがあればスマホを操作してすぐに調べるということを経験しているだろう。また，グローバル化にともなう労働力，資本，製品の動きによって，工業生産は賃金の安い国へと移行していく。このことは最近の衣料が中国製からインドネシア製やミャンマー製に変わってきていることからも実感できるだろう。そうすると，単純な労働では国は立ちゆかなくなってくる。工業生産はより安い賃金を求めて国境を移動するからである。その結果，新しい価値観をみつけ，それを産業としていかなければ国を発展させ，国民の生活を豊かにするこ

とができない，そのためには教育が大切だ，ということになる。それが技術革新（イノベーション）につながるような創造力を養う教育が求められるようになった理由である。

こうした一種の危機感をもとに，アメリカでは「21世紀スキル」，DeSeCo (OECD)，EU，ニュージーランドでは「キーコンピテンシー」，オーストラリアでは「汎用的能力」などと，新たな学力を定義して教育改革を進めようとしているのである。

図9-1　21世紀型能力

日本ではこうした世界の潮流を研究し，社会の変化に対応するために求められる資質・能力（コンピテンシー）として図9-1のような「21世紀型能力」を提案した（国立教育政策研究所 2013：26）。

「21世紀型能力」は「基礎力」「思考力」「実践力」で構成される。松尾知明は，それぞれについて次のように定義している（松尾 2014：8-9）。

- 「基礎力」→言語・数量・情報を道具として目的に応じて使いこなす力。
- 「思考力」→一人ひとりが自ら学び判断し自分の考えをもって，他者と話し合い，考えを比較吟味して統合し，よりよい解や新しい知識を創り出し，さらに次の問いを見つける力。
- 「実践力」→日常生活や社会，環境の中に問題を見つけ出し，自分の知識を総動員して，自分やコミュニティ，社会にとって価値のある解を導くことができる力，さらに解を社会に発信し協調的に吟味することを通して他者や社会の重要性を感得できる力。

平成29年版学習指導要領の方向性を話し合う中央教育審議会（中教審）の「論点整理」では，学習指導要領で育成を目指す資質・能力を，「何を知っているか，何ができるか」「知っていること・できることをどう使うか」「どのように社会・世界と関わり，よりよい人生を送るか」としている。この流れが，平成29年版学習指導要領における3つの目標，「知識・技能」「思考力・判断力・表現力等」「学びに向かう力，人間性等」に結びついているのである。そしてこのような目標を達成するための有効な学習方法としてクローズアップされてきたのがアクティブ・ラーニング（主体的・対話的で深い学び）である。

（3）アクティブ・ラーニングの定義と問題点

アクティブ・ラーニングという言葉の発祥としてよく引用されるのが，チャールズ・ボ

ンウェルとジム・エイソンによる「学生たちが行っている何かに関する思考と行為といった，それぞれの活動のなかで学生を巻き込んでいるすべて」（Bonwell & Eison 1991）という定義である。日本では2012（平成24）年に中教審が大学教育について提言したなかで使われた。そこでは，「従来のような知識の伝達・注入を中心とした授業から，教員と学生が意思疎通を図りつつ，一緒になって切磋琢磨し，相互に刺激を与えながら知的に成長する場を創り，学生が主体的に問題を発見し解を見いだしていく能動的学修（アクティブ・ラーニング）への転換が必要である」（中央教育審議会 2012：9）と述べられている。このようにアクティブ・ラーニングとは，主体的に学ぶ体験を繰り返すことで，学生が生涯にわたって学び続ける力を修得することを目的としたものである。

　つまり，もともとは大学での学習の質的転換を求めた用語なのである。とくに文系に関していえることだが，それまでの大学の授業は，大教室で教授が学生に向けて一方的に知識を伝達する授業が代表的であった。学生は座って話を聞くだけであり，そこでは思考が働いていなかったといえる。それでよいのかということが問題となってきたのである。しかし，先に述べたような世界的な流れをもとに現在の学校教育をみたときに，新しい学力観に基づく教育を行うためにはアクティブ・ラーニングが有効であろうと考えられた。それが大学だけではなく，小中学校にまで拡大されるようになってきた理由である。

　池田光穂は，アクティブ・ラーニングをしている例として，次のような状態を挙げている。

・クラスの中で，学生たちが討論している。（class discussion）
・学んだことを 1 組ないしはそれ以上の学生同士で共有している。（think–pair–share）
・学習する主体を個人ではなく 2 人ないしはそれ以上の極小ユニットにする。（learnig cell）
・アウトカム・レポートや「1 分間ペーパー」などと呼ばれるような短いレポートを筆記させる。（short written exercise）
・3 人から 6 人程度の互いに協働するグループをつくる。（collaborative learning group）
・学生の間でディベートをする。（student debate）
・ビデオ映像を観た後で感想を披瀝させる。（reaction to a video）
・遊戯性を伴ったゲームを行う。（class game）

（池田光穂「アクティブ・ラーニング」）

　このような学習形態は，学習者が教師から一方的に話を聞くのではなく，主体的に活動している点で優れているようにみえる。しかし活動していればそれでよいのだろうか。

　日本では昭和20年代にアメリカからデューイの経験主義に基づいた学習が導入された。とくに社会科などでよく取り入れられたが，そこで出てきた問題は「活動あって学びな

第9章　音楽科におけるアクティブ・ラーニング

し」「はいまわる経験主義」という問題であった。

　つまり，一見子どもが活発に活動しているようであっても，学んだ結果がどのように子どものなかに獲得されたのか，そしてそれが次の学習にどのように生きるのかということを明確にしておかなければ再び同じ轍を踏むことになるだろう。

2　音楽科のアクティブ・ラーニングとは

（1）音楽科を特徴づける「知覚・感受」

　現在の教育改革の流れは世界的なグローバル化による人材育成の在り方として産業界からの要請が元になっている。高須一はこの点について「豊かな心をどう育てるかという視点が欠けているのではないか」（高須 2015）と指摘した。このことは，音楽などの芸術教科の在り方にも関わってくる。すなわち，資質・能力が重視されるのであれば，それは音楽でなくても養うことができるかもしれないからである。たとえば先ほど挙げた「21世紀型能力」に示された「基礎力」「思考力」「実践力」は各教科に共通するものであり，特定の教科だけに特有のものではない。そうすると音楽という教科がなくてもよいということになりかねない。

　しかし音楽科では，他の教科にはない重要な「知覚・感受」という観点がある。

　たとえば《白鳥》（サン＝サーンス作曲）を聴いたときに，「ゆったりした音楽だな」「キラキラしているね」というイメージを思い浮かべる人は多い。「白鳥」というタイトルを知らなくても何らかのイメージをもつ。それはこの曲のもつ音色や速さなどが耳を通して聴く人の脳に伝わりイメージを作り出すからである。このように音色や速さなど，音楽を特徴づけている要素を脳が認識することを「知覚」という。そして，その結果として何らかのイメージが頭のなかに形成されることを「感受」という。音楽を特徴づける要素は，〔共通事項〕に示されている。

　逆にいえば，自分のイメージを表現しようとするとき，速さや強弱などの音楽を特徴づける要素を用いて表現することができる。たとえば《ふるさと》の場合，「『いつの日にか帰らん』の部分は帰りたいという気持ちを語っているから強く歌おう」とか「『つつがなしや友がき』は昔一緒に遊んだ友達のことを思っている部分だからゆっくりと歌おう」というように，歌詞と音楽の要素を関連づけて歌おうとする。このとき，何度も繰り返して歌っていると「ちょっと思っているイメージと違うな。もう少し弱く歌ってみよう」と自分の思っているイメージと実際の音との対比が行われる。その結果，表現が深まっていく。また，「『帰らん』ってどういう意味だろう」と歌詞に疑問をもち調べることで歌詞の内容に対する理解も深まっていく*。

　　＊西園芳信はこれを「生成の原理」と命名した。詳細は，日本学校音楽教育実践学会編『音楽

101

教育実践学事典』音楽之友社。

　このように《ふるさと》という教材と対話することによって，自分のなかのイメージが深まると同時に，歌詞に対する理解も深まるのである。

　この学習を自分だけでおこなうのではなく，友達と一緒に活動することで，自分にはない感じ方や考え方が出てくる。それが納得できる考え方であろうとなかろうと，それまでの自分にはない感じ方や考え方が獲得される。自分と教材との対話，そして自分と友達との対話を通して，新たな自分ができるところに音楽を通した成長があるといえよう。

（2）音楽の授業構成

　アクティブ・ラーニングの手法を用いた音楽の授業をすることに不安を感じる人もいるだろう。しかし安心してほしい。毎時間の授業がアクティブ・ラーニングである必要はない。一題材（単元）のなかで，どこでおこなうかを考えるのである。

　授業の一般的な構成は，① 授業の指導内容を決める，② 目標を設定する，③ 目標に到達するための方法を決める，④ 振り返る，という段階でおこなう。

① 授業の指導内容を決める

　まず，その題材において扱う内容を，学習指導要領に即して決定する。それは，各学年の内容に示された2つの領域，A 表現またはB 鑑賞から選定されることとなる。

　さらに，A 表現及びB 鑑賞を通して指導するとされた〔共通事項〕に関しても，その題材で主に何を扱うのか決定する。

② 目標を設定する

　①で明らかになった指導内容が目標となる。目標の視点は「知識及び技能」「思考力，判断力，表現力等」「学びに向かう力，人間性等」の3つである。

③ 目標に到達するための方法を決める

　②で設定した目標を達成するために，どのような授業を構成するかを考える。ここがアクティブ・ラーニングを取り入れる部分である。

　そのためには，子どもが主体的に「解決したい」と思う課題と出会わせる工夫が必要となる。また，このとき，自分ひとりでは解決が難しい課題を設定することも必要である。こうして明確な課題（めあて）を意識することが授業のスタートとなる。

　実際に活動に入ると，課題を解決するために，以前学習した知識や技能を用いるだけでなく，友達や教師らとの対話，図書やインターネットを通して学習が進められる。また，活動の途中で自分たちの演奏をタブレットで録画することで，実際のイメージと現在の状況との対比をおこなうとよい。場合によっては他のグループとの交流の場を設定し，自分

たちの演奏がどのように受け入れられているのかを知ることも大切である。

④ 振り返る

活動を終えた段階で，最初の課題は解決できたかどうかを振り返る。このとき，どのように解決したのかを振り返り，できるようになったことや新たにわかったことが自覚できたかどうかが評価のポイントとなる。また，この学習を通して浮かんできた新たな課題や疑問点があればそれが次の学習への意欲となる。

（3）おわりに

アクティブ・ラーニングは子どもが資質・能力を獲得するための手段である。目的化してはいけない。そのためには，音楽の授業での発問も「《ふるさと》をどのように歌えばよいでしょうか」から「《ふるさと》を，聴く人に思いが伝わるようにするにはどのように歌えばよいでしょうか」のように工夫する必要がある。そして学習課題が子どものなかから醸成されてこそ主体的・対話的な学習がおこなわれ，結果として深い学びにつながっていくのである。

参考文献

池田光穂「アクティブ・ラーニング」（2017.10.1アクセス）
　　http://www.cscd.osaka-u.ac.jp/user/rosaldo/100228active_learning.html
教育課程企画特別部会　論点整理（平成27年8月26日）pp.16-17
　　http://www.mext.go.jp/component/b_menu/shingi/toushin/__icsFiles/afieldfile/2015/12/11/1361110.pdf　（平成29年10月1日アクセス）
国立教育政策研究所（2013）『社会の変化に対応する資質や能力を育成する教育課程編成の基本原理』教育課程編成に関する基礎的研究報告書5。
高須一（2015）日本教育大学協会全国音楽部門大学部会　第40回全国大会（奈良）におけるシンポジウム「音楽科教育に未来はあるか？」での発言。2015年5月16日奈良教育大学。
中央教育審議会（2012）「新たな未来を築くための大学教育の質的転換に向けて～生涯学び続け，主体的に考える力を育成する大学へ～」（答申）（平成24年8月28）
松尾知明（2014）『教育課程・方法論——コンピテンシーを育てる授業デザイン』学文社。
西岡加名恵（2017）『資質・能力を育てるパフォーマンス評価』明治図書。
日本学校音楽教育実践学会編（2017）『音楽教育実践学事典』音楽之友社。
Bonwell, C. C., & Eison, J. A. (1991). Active learning : Creating excitement in the classroom. The George Washington University.

（松永洋介）

第 10 章

音楽科の学習指導案

　2017（平成29）年３月に新しい小学校学習指導要領が告示されたことにともない，音楽科の指導の改善および充実に向けた指導案を提示する必要がある。平成29年版学習指導要領における目標の改善としては，音楽科で育成を目指す資質・能力は，「生活や社会の中の音や音楽と豊かに関わる資質・能力」であり，「知識及び技能」「思考力，判断力，表現力等」「学びに向かう力，人間性等」について示している。資質・能力の育成については，児童が「音楽的な見方・考え方」を働かせて学習に取り組めるようにすることが必要であることが示されている。この「音楽的な見方・考え方」とは，音楽科の特質に応じた，物事を捉える視点や考え方であり，音楽科を学ぶ本質的な意義の中核をなすものである。

　学年の目標は，改訂前は（１）興味・関心，意欲，態度　（２）表現の能力　（３）鑑賞の能力と示されていたものが，改訂後は，（１）「知識及び技能」の習得　（２）「思考力，判断力，表現力等」の育成　（３）「学びに向かう力，人間性等」の涵養となる。

　内部構成としては，「Ａ表現」「Ｂ鑑賞」の２領域及び〔共通事項〕となり，「Ａ表現」は，歌唱，器楽，音楽づくりの分野で示されている。また〔共通事項〕は，表現及び鑑賞の学習において共通に必要となる資質・能力として，身に付けることができるよう指導が求められている。

　これらのことを踏まえて，学習指導案のプランを提案したい。

1　教育実習の指導準備

　第１に，文部科学省『小学校学習指導要領（平成29年告示）解説音楽編』第１章総説，第２章　音楽科の目標及び内容を熟読する。次に，全体に目を通した後に，授業する学年の目標及び内容を再度，読み返すとよい。なぜならば，学習指導要領解説は，丁寧に各学年のページにも説明や例が示されているからである。

　第２に，題材や教材について研究することである。教育実習の時期により，題材や教材については決定していることと思われる。表現の歌唱や器楽では，実際に楽譜を演奏すること，鑑賞であれば楽曲を聴いてみること，そのような作品のよさを教師自身が捉えておくことが本物の授業に近づくために必須である。

　第３に，指導教官の授業を観察することである。学習指導案と学習の流れがどのように結びついているかを視点に，メモをとりながら観察するとよい。児童の入室前に教室に入り，黒板，ピアノ，楽器，音響機器，掲示物などの配置についても，メモをとる。児童が

第10章　音楽科の学習指導案

入室してからは，教授行為と児童の学習過程を観察する。教授行為は，言葉だけでなく，範唱や範奏，指揮，身振りや表情，掲示物などさまざまである。児童も一人一人の個性があり，音楽に向かう気持ちも多様である。児童の座席表を作成し，自分なりに評価したり，気が付いたことや疑問に思ったことを授業後に指導教官に質問したりするとよい。

　第4に，教育実習の授業を行った後に，もう一度，学習指導案を書き直してみることをお勧めする。授業の様子をボイスレコーダーに残し，一度，文字におこしてみる。教授行為と児童の活動に分けて書いてみると，児童が45分のなかでどの位活動することができたかがわかる。また，自分の声を客観的に聞き返すことで，「発問が適切であったか」を言葉の明確さや間合いなどとともに反省する機会となる。筆者は，教師になって2か月後に研究授業を公開したときの学習指導案と発話記録を大切に保存している。時代の流れとともに，学習指導案の書き方は変容するが，変わらないことは，いかに的確に本時の目標を達成する学習に導くかである。

2　学習指導案（略案）

　教育実習で授業をする場合，各校で学習指導案の形式が決まっている場合も多いと思われるが，ここでは，学習指導案の書き方の例を紹介するとともに，学習指導案と実際の授業の流れの関係を資料として掲載する。そして，学習指導案の重要性を少しでも伝えることが出来ることを願っている。なお，略案でなければ，「児童観」「題材観」「指導観」等を詳細に記述する必要がある。なぜならば，目の前の子どもたちに応じた題材を設定し，授業を構成することが最も大切であるからである。教育実習の授業であるとはいえ，子どもたちにとって大切な1時間である。年間計画の1時間を担当しているという自覚をもって指導の準備を進めていただきたい。

　なお，次頁以降掲載の略案のなかで，
　　知 → 知識　技 → 技能
　　思 → 思考・判断・表現
　　態 → 主体的に学習に取り組む態度
を，それぞれあらわしている。
　また，「7．指導と評価の計画」内の
　　知 技 思 態
は，記録に残す場面を示している。

105

例1【音楽づくり】

音楽科学習指導案（略案）

日時　　令和　年　月　日　○校時
場所　　○○小学校　音楽室
指導学級　2年1組　（○名）
実習生　　○○　○○

1．題材名
ことばであそぼう（2時間扱い）

2．題材の目標
○音遊びを通して，声の特徴の面白さなどに気付くとともに，設定した条件に基づいて，即興的に音やリズムを選んだり，音をつなげたりして表現する技能を身に付ける。
○音色やリズムを聴き取り，それらの働きが生み出すよさや面白さ，美しさを感じ取るとともに，聴き取ったことと感じ取ったこととの関わりについて考え，音楽づくりの発想を得る。
○言葉を生かして音の高低や声色，リズムを工夫する学習に興味・関心をもち，音楽活動を楽しみながら主体的・協働的に音楽づくりの活動に取り組み，いろいろな声の表現に親しむ。

3．本題材で扱う学習指導要領の内容
A表現（3）音楽づくり　ア（ア），イ（ア），ウ（ア），共通事項（1）ア
本題材の学習において，思考・判断のよりどころとなる主な音楽を形づくっている要素：〔音色，リズム〕

4．題材について
本題材では，音楽づくりの活動のうち，音遊びを中心に行う。
既習曲の「いろはにこんぺいとう」では，拍にのって続きのことばを自由につくり変え，リズムや音の高低を即興的に選んで遊ぶ。このような音遊びの活動を生かし，「いろいろな『おはよう』で，あいさつをしよう」では，身近な言葉を素材とし，設定した条件に基づいて，友達と一緒に声色や音の高低，リズム等をいろいろ試しながら音遊びを楽しみ，言葉を生かした音楽表現を広げていく構成となっている。

5．教材について
「いろはにこんぺいとう」（わらべうた）
〈　いろはにこんぺいとう　こんぺいとうはあまい　あまいはさとう　さとうはしろい　しろいはうさぎ〜　〉
しりとりのように，言葉がつながるわらべうたである。また，言葉の抑揚を生かしながら，拍にのって，続きを自由につくり変えることができる，音遊びの教材である〔資料1〕〔資料2〕。

「いろいろな『おはよう』で，あいさつをしよう」（オリジナル教材）
「高い声のおはよう」や「低い声のおはよう」では，声色やリズムに特徴がでてくる。さらに，「『おはよう』の言葉の順序を入れかえたりして，いろいろな『おはよう』で，あいさつをしよう」という条件を設定すると，友達といろいろ試しながら，声色やリズムの個性あふれる「おはよう」を楽しむことができる音遊びの教材である〔資料3〕。

6．題材の評価規準

知識・技能	思考・判断・表現	主体的に学習に取り組む態度
知　声の特徴について，それらが生み出す面白さなどと関わらせて気付いている。 技　発想を生かした表現をするために必要な，設定した条件に基づいて，即興的に音やリズムを選んだり，音をつなげたりして表現する技能を身に付けて音楽をつくっている。	思　音色やリズムを聴き取り，それらの働きが生み出すよさや面白さ，美しさを感じ取るとともに，聴き取ったことと感じ取ったこととの関わりについて考え，音遊びを通して音楽づくりの発想を得ている。	態　言葉を生かして，声色や音の高低，リズムを工夫する学習に興味・関心をもち，音楽活動を楽しみながら主体的・協働的に音楽づくりの活動に取り組もうとしている。

第10章　音楽科の学習指導案

7．指導と評価の計画（全2時間）

時	○主な学習内容	◆評価規準		
		知・技	思	態
第1時	○「いろはにこんぺいとう」の続きの言葉をつくり，声の特徴の面白さに気付く。 ○条件に基づいて，即興的に音やリズムを選んだり，音をつなげたりして表現する。	知↓		
第2時 （本時）	○いろいろな「おはよう」を試しながら歌う。 ○中間発表をして，音楽づくりの発想を広げる。 ○二人組で，自分たちの発想を生かした「おはよう」であいさつをする。	技	思	態

8．本時の学習（第2時）

（1）本時の目標

　　設定した条件に基づいて，即興的に表現する技能を身に付けるとともに，「おはよう」の音色やリズムについて，聴き取ったことと感じ取ったこととの関わりについて考え，いろいろな「おはよう」の表現を試しながら音楽づくりの発想を得て，友達と協力して音遊びをする。

（2）展開

○学習内容　・学習活動	◇教師の働きかけ　◆評価規準（評価方法）
○歌で挨拶をする。 ・オルガンの音を聴き取り，高さを意識して歌う。 ・当番の児童の指揮を見て，最後の音を伸ばす。	 ◇「心　合わせ　歌おうよ」のフレーズを移調しながら伴奏し，音の高低を意識できるようにする。 ◇最後の音の長さは，指揮者が自由に決めるようにする。
いろいろな「おはよう」で，あいさつをしよう	
○いろいろな「おはよう」を試しながら歌う。 〔音遊びの条件〕 ①　話し言葉のおはよう ②　高い声のおはよう ③　低い声のおはよう ・音楽づくりの条件を知り，リレー方式でつなぐ。 ・面白い作品を模倣し合う。 ・二人組で，設定した条件①②③に加えて，リズムや言葉の入れ替えなど，即興的に「おはよう」と，呼びかけ合う。 ・グループで聴き合う。	◇拍を意識しながら，「おはよう」をつなげて歌えるように，学習隊形を1列の半円にする。 ◇いくつかの例示〔資料3〕をする。 ◇リズムや言葉の入れ替えなど，条件からはみ出た面白い作品を全員で模倣して遊ぶ場を設ける。 ◇グループを二人組に分け，呼びかけ合えるように，向かい合う学習隊形にする。 ◇発表する二人組は立ち，聴く二人組は座るように声かけする。 ◆発想を生かした表現をするために必要な，設定した条件に基づいて，即興的に音やリズムを選んだり，音をつなげたりして表現する技能を身に付けて音楽をつくっている。技（演奏の聴取，行動の観察）

107

○中間発表をして，音楽づくりの発想を広げる。

・リズムを細かく刻んだり，高い声から低い声につなげたり，呼びかけ役とこたえ役が途中で交代する等，特徴的な表現をした二人組が発表する。

・友達のどんなところが面白かったかを伝え合う。

〔発言例〕

> 短く刻むリズムを使って「おははおはよう」と高い声だったから，元気な感じがして面白い。

◇音色やリズムについて，聴き取ったことや感じ取ったことを関連づけて，振り返る場を設定する。

◆音色やリズムを聴き取り，それらの働きが生み出すよさや面白さ，美しさを感じ取るとともに，聴き取ったことと感じ取ったこととの関わりについて考え，音遊びの活動を通して音楽づくりの発想を得ている。 思 （行動の観察，発言）

○二人組で，自分たちの発想を生かした「おはよう」であいさつをする。

・中間発表を聴いて，友達の表現のよさを取り入れながら，自分たちの「おはよう」を，グループ内で表現する。

・二人組で，いろいろな「おはよう」を発表し，クラス全員で聴き合う。

◇表現の工夫がわかるように，拡大ワークシートに記入したり，手で旋律線を示したりして，視覚的な援助をする。

◇向かい合って呼びかけ合う隊形で発表するように声かけする。

◇友達の表現を自分たちの表現に生かすように助言する。

○学習を振り返り，自己評価したり，感想を発表したりする。

◆言葉を生かして，声色や音の高低，リズムを工夫する学習に興味・関心をもち，音楽活動を楽しみながら主体的・協働的に音楽づくりの活動に取り組もうとしている。 （行動の観察，発言）

108

〔資料1〕「いろはにこんぺいとう」わらべうた

　いろはにこんぺいとう　こんぺいとうはあまい　あまいはさとう　さとうはしろい

　しろいはうさぎ　うさぎははねる　はねるはかえる　～

〔資料2〕「いろはにこんぺいとう」をつくりかえた例

　いろはにこんぺいとう　こんぺいとうはあまい　あまいはチョコレート

　チョコレートはちゃいろ　ちゃいろはつくえ　つくえはしかく

　しかくはこくばん　こくばんはみどり　みどりははっぱ　～

〔資料3〕いろいろな「おはよう」作品例

① 話し言葉の「おはよう」リレー例

	Aさん				Bさん				Cさん				Dさん			
高い		はー	よう•	•		はー	よう•	•		はー	よう•	•		はー	よう•	•
低い	おー				おー				おー				おー			

② 高い声の「おはよう」リレー例

	Aさん				Bさん				Cさん				Dさん			
高い	おは	よう	ー	•	おは	よう	•	•	おー	はー	よー	うー	おー	•	はー	よう
低い																

③ 低い声の「おはよう」リレー例

	Aさん				Bさん				Cさん				Dさん			
高い																
低い	おは	よう	•	•	おー	はー	よう	•	•	おは	よう	•	お•	は•	よ•	う•

④ 高い声と低い声を使った「おはよう」まねっこ

	Aさん				Bさん			
高い			よう	•			よう	•
低い	おは	•			おは	•		

⑤ 高い声やと低い声を使った「おはよう」まねっこしないっこ

	Aさん				Bさん			
高い			よう	•				よう
低い	おは	•			お•	ー	は•	

⑥ 高い声と低い声を使った「おはよう」ロンド形式

	Aさん				Bさん				Aさん				Bさん			
高い		は•	よう	•			よう	ー		は•	よう	•			はー	
低い	お•				おー	はー			お•				おー	ー		よう

⑦ 言葉をいれかえた「おはよう」

	Aさん				Bさん			
高い		よう	•	•	よよ	ー		
低い	おおおお					はは	はは	はは

109

〔資料４〕学習隊形

　学習隊形は，学習内容に密接に関わるものである。本プランでは，１時間の学習の中で学習隊形を変化させている。基本の学習隊形は，音楽づくりにおける「音楽のはじまり」と「音楽のおわり」が視覚的にわかりやすい１列の半円形をとる。また，「呼びかけにこたえる」場面では対面式をとり，音楽の仕組みがわかりやすいようにする。

　音楽づくりの活動は，「音遊びや即興的に表現する」活動と，「音を音楽へと構成する」活動とが明確に分けられるものではないが，本題材は前者を中心とした活動を展開する。音楽づくりの活動では，何らかの形で両方の活動が含まれることから，両者の活動が自然に関連付けられるような学習隊形を心がけたい。

[半円の学習隊形]
① 椅子の背に番号をつけておき，順番に半円に並べ，全員が椅子の前に立ち黒板側を見る。

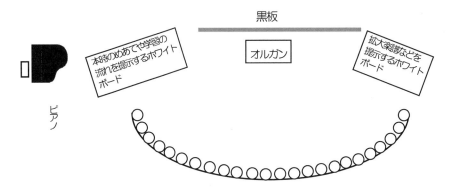

② 対面式では，偶数番号の児童が奇数番号の児童の前に立ち，向かい合うようにする。

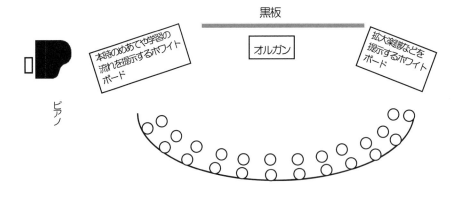

第10章　音楽科の学習指導案

例2【歌　唱】

音楽科学習指導案（略案）

日時　　令和　年　月　日　○校時
場所　　○○小学校　音楽室
指導学級　3年1組　（○名）
実習生　　○○　○○

1．題材名
輪唱を楽しもう（3時間扱い）

2．題材の目標
○「雪のおどり」の曲想と音楽の構造や歌詞の内容との関わりについて気付くとともに，思いや意図に合った表現をするために必要な，互いの歌声を聴いて声を合わせて歌う技能を身に付ける。
○旋律，音楽の縦と横との関係（輪唱）を聴き取り，それらの働きが生み出すよさや面白さ，美しさを感じ取りながら，聴き取ったことと感じ取ったこととの関わりについて考え，曲の特徴を捉えた表現を工夫し，どのように歌うかについて思いや意図をもつ。
○輪唱による旋律の重なり方に興味・関心をもち，音楽活動を楽しみながら主体的・協働的に歌唱の学習活動に取り組み，輪唱の表現に親しむ。

3．本題材で扱う学習指導要領の内容
A表現（1）歌唱　ア，イ，ウ (ｲ)，共通事項（1）ア
本題材の学習において，思考・判断のよりどころとなる主な音楽を形づくっている要素：〔旋律，音楽の縦と横との関係〕　※本題材で扱う「音楽の縦と横との関係」とは，輪唱における複数の「旋律」の重なり方を指す。

4．題材について
本題材では，既習の「かえるの合唱」や「なべなべそこぬけ」等の輪唱の経験と関連付けながら，輪唱表現のよさを学ぶことができる。斉唱では，旋律の音の動きの特徴を捉える。そして，2小節輪唱，さらに，1小節輪唱というように異なる音の重なり方（音楽の縦と横との関係）を体感する経験を通して，輪唱の特徴を捉えた歌唱表現を工夫し，友達と音を重ねる楽しさを味わうことができる構成となっている。

5．教材について
「雪のおどり」（油井圭三作詞　チェコ・スロバキア民謡）
短調，4分の2拍子，高い音域から始まる曲である〔資料1〕。また，1小節輪唱，2小節輪唱の曲想の違いを感じ取りながら，雪の降り方に結び付けて歌い方を工夫し，いろいろな音の重なり方を楽しむことが出来る教材である〔資料2〕〔資料3〕。

111

6．題材の評価規準

知識・技能	思考・判断・表現	主体的に学習に 取り組む態度
知　「雪のおどり」の曲想と音楽の構造（輪唱）や歌詞の内容との関わりについて気付いている。 技　思いや意図に合った表現をするために必要な，互いの歌声を聴いて声を合わせて歌う技能を身に付けて歌っている。	思　「雪のおどり」の旋律，音楽の縦と横との関係を聴き取り，それらの働きが生み出すよさや面白さ，美しさを感じ取りながら，聴き取ったことと感じ取ったこととの関わりについて考え，曲の特徴を捉えた表現を工夫し，どのように歌うかについて思いや意図をもっている。	態　輪唱による旋律の重なり方に興味・関心をもち，音楽活動を楽しみながら主体的・協働的に歌唱の学習活動に取り組み，輪唱の表現に親しむ。

7．指導と評価の計画（全3時間）別紙手書き

時	○主な学習内容	◆評価規準		
		知・技	思	態
第1時	○「雪のおどり」の範唱を聴きながら，旋律の動きを手で描き，その特徴を捉える。 ○「雪の踊り」の曲想と旋律の音の動き，曲想と歌詞の内容との関わりに興味をもち，声を合わせて歌うことを楽しむ。			
第2時 （本時）	○2小節輪唱を聴き，音の重なり方の特徴を聴き取ったり感じ取ったりする。 ○思いや意図を生かして，2小節輪唱の歌い方を工夫する。	知	思	
第3時	○「雪のおどり」の1小節輪唱の演奏を聴き，1小節輪唱特有の音の重なり方を感じ取る。 ○プロジェクターで映し出した楽譜に旋律線を1小節ずらして重ね，音の重なり方の特徴に気付く。 ○2小節輪唱と比較しながら，1小節輪唱特有の音の重なり方を生かした歌唱表現を工夫し，いろいろ試してみる。 ○様々な工夫をクラス全員で共有して，雪の舞い踊る感じを表現し，思いや意図に合った歌い方で，1小節輪唱と2小節輪唱をする。 ○「雪のおどり」の学習を振り返る。	技		態

112

第 10 章　音楽科の学習指導案

8．本時の学習（第 2 時）

（1）本時の目標

「雪のおどり」の旋律，音楽の縦と横の関係について，聴き取ったことと感じ取ったこととの関わりについて考え，歌唱表現を工夫し，どのように歌うかについて思いや意図をもつ。

（2）展開

○学習内容　・学習活動	◇教師の働きかけ　◆評価規準（評価方法）
○既習の「雪のおどり」を斉唱する。 ・拡大楽譜を見ながら，斉唱する。	◇楽譜をプロジェクターで映し，音符を線でつないで，音の動きが明確になるようにする。
2 小節輪唱の音の重なり方の特徴を生かした歌い方を工夫しよう	
○2 小節輪唱を聴き，音の重なり方の特徴を聴き取ったり感じ取ったりする。 ・2 小節輪唱の音源を聴く。 ・聴き取ったことや感じ取ったこと，その関わりについて発表し合い，全員で共有する。 ・旋律が重なることにより，どのような雪の降り方をしているか思い浮かべたり，どのような歌い方を工夫するとよいか意見を出し合ったりする。 ・出し合った意見の幾つかをクラス全員で試す。	◇強弱の工夫をつけずに，旋律だけを重ねた音源を用意する。 ◇「どんな雪の降り方をしているかな。旋律の音の動きは，どうなっているかな」等，聴き取ったことと感じ取ったことを関連づけるように，問いかける。 ◇8 小節を 1 つのまとまりとして捉えることを確認する。 ◇「2 小節ごとに強弱を交互に付けて輪唱すると強いところが強調されて，雪が次々と降っている様子を表すことができる」等の意見を実際に歌いながら試してみる場を設定する。 ◆「雪のおどり」の曲想と音楽の構造（輪唱）や歌詞の内容との関わりについて気付いている。知（発言内容，行動の観察）
○思いや意図を生かして，2 小節輪唱の歌い方を工夫する。 ・グループで強弱の付け方等，どのように歌うかについて話し合い，歌い方の工夫を拡大楽譜に書きこむ。 ・グループごとに歌い方の工夫について，提案する。 ・提案された歌い方の工夫を，クラス全員で試す。 ・録音した音源を聴いて，思いや意図が伝わったかどうか，意見交換する。 ○本時を振り返り，課題をもつ。	◇プロジェクターで映しだした楽譜に，2 小節ずらして旋律線を重ね，音の重なり方を明確にして，表現の工夫の手がかりになるようにする。 ◇旋律の音の動きや 2 小節輪唱の音の重なり方について，聴き取ったことと感じ取ったこととの関わりについて考えたことを伝えた後に，どのような歌唱表現を工夫するかについて提案するように助言する。 ◆「雪のおどり」の旋律，音楽の縦と横との関係を聴き取り，それらの働きが生み出すよさや面白さ，美しさを感じ取りながら，聴き取ったことと感じ取ったこととの関わりについて考え，曲の特徴を捉えた表現を工夫し，どのように歌うかについて思いや意図をもっている。思（発言内容，行動の観察） ◇録音する。 ◇歌い方を工夫したり，友達の考えた歌い方で表現したりしながら，2 小節輪唱に興味がもてるようにする。 ◇歌い方の工夫は，限定しないようにする。

113

〔資料1〕斉唱の旋律線

〔資料2〕2小節輪唱

〔資料3〕1小節輪唱

〔資料4〕表現の工夫例

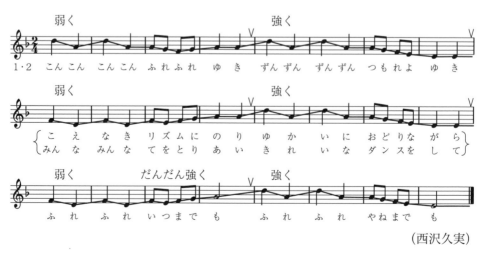

(西沢久実)

第 11 章

音楽科の学習評価

　学習評価は，学校における児童の学習状況を評価するものである。ところが，これまで音楽の授業における評価のあり方について，「音楽科の評価は自分にとって永遠の課題です。他教科のようにある程度数値化できるとよいのですが。何をどのように見取るのか，経験年数を重ねても悩むばかりです」（久米 2016）という教師の声があった。しかしながら，今回の学習指導要領の改訂では，「育成を目指す資質・能力」が明確化されたことにより，教師は「子供たちにどのような力が身に付いたか」という学習の成果を的確に捉え，児童の学習改善につなげていくとともに，主体的・対話的で深い学びの実現に向けた授業の改善を図るという学習評価の役割がより明確となった。すなわち「指導と評価の一体化」を実現することが求められているのである。

　平成29年版小学校学習指導要領（以下，新学習指導要領）の公示にあたり，改訂の基本方針の一つとして「育成を目指す資質・能力の明確化」が挙げられている。すなわち，「何を理解しているか，何ができるか（生きて働く「知識・技能」の習得）」，「理解していること・できることをどう使うか（未知の状況にも対応できる「思考力・判断力・表現力等」の育成）」，「どのように社会・世界と関わり，よりよい人生を送るか（学びを人生や社会に生かそうとする「学びに向かう力・人間性等」の涵養）」の三つの柱で資質・能力を整理するとともに，各教科等の目標や内容についても，この三つの柱に基づく再整理を図るよう提言がなされた。また「何が身についたか」として，学習評価の充実もあわせて求められている。新学習指導要領の第1章総則に，学習評価の充実について次のように明記されている。

　　「学習評価の実施に当たっては，次の事項に配慮するものとする。（1）児童のよい点や進歩の状況などを積極的に評価し，学習したことの意義や価値を実感できるようにすること。また，各教科等の目標の実現に向けた学習状況を把握する観点から，単元や題材など内容や時間のまとまりを見通しながら評価の場面や方法を工夫して，学習の過程や成果を評価し，指導の改善や学習意欲の向上を図り資質・能力の育成に生かすようにすること。（2）創意工夫の中で学習評価の妥当性や信頼性が高められるよう，組織的かつ計画的な取組を推進するとともに，学年や学校段階を越えて児童の学習の成果が円滑に接続されるように工夫すること。」

　さらに令和2年3月には国立教育政策研究所（以下，国研）による『「指導と評価の一体化」のための学習評価に関する参考資料』（以下，参考資料）において，より具体的な内容が示された。そこで本章では，主に国研の参考資料に基づき，音楽科における学習評価の基本的な考え方や，評価規準の作成及び評価の実施等について述べることとする。

1　目標に準拠した評価について

　目標に準拠した評価とは，設定した学習目標に，児童がどこまで到達することができたかを確認するものである。

　評価の時期による分類としては，よく知られているように診断的評価と呼ばれる事前の評価，形成的評価と呼ばれる学習指導過程における評価，総括的評価と呼ばれる，授業や単元が終了した後の評価がある。

　診断的評価を行うことで，児童の関心や知識・技能などを事前に把握し，学習指導案の作成や授業の展開の参考にすることができる。ただし次節において述べる「主体的に学習に取り組む態度」については，学習前の診断的評価のみで判断することは避けたい。

　授業において，設定した目標に児童がどの程度到達しているのかを，学習指導の過程で見取るのが形成的評価である。本章では，特に断りがない場合は主にこの形成的評価について述べており，児童の達成状況を確認するだけではなく，実践を省察する際に活用するなど教師の力量形成にも重要な役割を果たすものであると考えられる。いわば，指導に生かす評価といえよう。

　総括的評価は，題材終了後に演奏発表や感想文，試験などにより学習の成果を確認するもので，各題材における観点別の評価を，評価規準に基づいて総括（A，B，C）することが重要である。

2　評価の観点について

　今回の改訂においては，全ての教科等において，目標や内容が，資質・能力の三つの柱である「知識及び技能」「思考力，判断力，表現力等」「学びに向かう力，人間性等」に基づき示されている。これは，資質・能力の育成を目指して「目標に準拠した評価」を実質化するための取組でもある。そして令和2年度から，小学校の新学習指導要領が全面実施となり，同時に，新しく示された観点による学習評価が実施されることとなった。新観点は，目標に準拠した評価の実質化や教科を超えた共通理解に基づく組織的な取組を促す視点から，各教科を通じて「知識・技能」「思考・判断・表現」「主体的に学習に取り組む態度」の3点に整理された。資質・能力の三つの柱と新観点は，ほぼ同じ文言となっており，このことにより指導内容と各観点の評価規準との関係が明確となって，後述する指導と評価の一体化についてより進めやすくなったといえる。

　ところで，資質・能力の三つの柱の一つである「学びに向かう力・人間性等」の評価のあり方について，参考資料では「『学びに向かう力・人間性等』には，①『主体的に学習

に取り組む態度』として観点別評価（学習状況を分析的に捉える）を通じて見取ることができる部分と，② 観点別評価や評定にはなじまず，こうした評価では示しきれないことから個人内評価（個人のよい点や可能性，進歩の状況について評価する）を通じて見取る部分があることに留意する必要がある。すなわち，②については観点別学習状況の評価の対象外とする必要がある」と述べられている。

3 評価に当たっての留意点について

　評価といえば，教師が試験や実技テストを行い，評定をつけるというイメージがつきまとう。しかし評価は，授業での児童の学習活動を振り返るだけではなく，教師自身の授業実践を省察し指導改善につなげ，さらには児童の学習を改善するために行うものであるといえる。

　学習指導案の作成では，内容の扱い方，目標及び評価規準の表記について，新学習指導要領と新観点の趣旨に基づいて作成することが大切であることは言うまでもなく，目標及び評価規準を作成し見取っていくために必要な手順を示すものとなることが望ましい。いわば，学びの過程と評価の場面との関係性が明確になるように工夫することが求められるのである。

　評価の観点のうち「主体的に学習に取り組む態度」について，これまでは，学習前の診断的評価のみで判断したり，挙手の回数やノートの取り方などの形式的な活動で評価したりといった例を耳にすることもあったが，参考資料において次のような留意点が示されている。

　「『主体的に学習に取り組む態度』の評価に際しては，単に継続的な行動や積極的な発言を行うなど，性格や行動面の傾向を評価するということではなく，音楽科の『主体的に学習に取り組む態度』に係る観点の趣旨に照らして，知識及び技能を習得したり，思考力，判断力，表現力等を身に付けたりするために，自らの学習状況を把握し，学習の進め方について試行錯誤するなど自らの学習を調整しながら，学ぼうとしているかどうかという意志的な側面を評価することが重要である」と述べられている。すなわち「知識及び技能を獲得したり，思考力，判断力，表現力等を身に付けたりすることに向けた粘り強い取組を行おうとしている側面」と「粘り強い取組を行う中で，自らの学習を調整しようとする側面」の2つの側面を評価することが求められるのである。

　そして何より，上述のような児童の姿を見取るためには，児童が主体的に学習に取り組む場面を設定していく必要があり，いわゆる「主体的・対話的で深い学び」の視点からの学習・指導方法の改善が欠かせないといえよう。

4 評価の方法について

　本節では，授業を実践し，その中で学習活動の評価を行う際の手順について述べるが，紙幅の都合上，要点のみ簡潔に述べることとする。一例として，以下のような手順が考えられる。

（1）題材を構成する素材（教科書に掲載されている曲など）を，新学習指導要領に示された学年の目標及び内容，〔共通事項〕等を踏まえ分析し，その特徴を明確にする（題材観，教材観）。その上，新観点の趣旨を踏まえ，また，児童の実態や前題材までの学習状況等（児童観）及び指導のねらい（指導観）を考慮して，題材の目標を作成する。

（2）学習目標に準拠した具体的な評価規準を作成する。評価規準の作成にあたっては，「内容のまとまりごとの評価規準」（国立教育政策研究所 2020：25-39）の考え方等を踏まえる。ここで作成した評価規準は「おおむね満足できる」状況（B）を示したものとなる。

（3）作成した「おおむね満足できる」状況（B）の評価規準を明確に設定した上で，さらに質的に高まった「十分満足できる」状況（A），及び「努力を要する」状況（C）についても具体的に検討しておくことが必要である。

（4）学習指導の中で評価を行うことができるよう，評価する時期や場面，評価方法等を明示した「指導と評価の計画」を作成する。どのような評価資料（例えば，児童の反応やノート，ワークシート，作品等）を基に，「おおむね満足できる」状況（B）と評価するかを考えたり，「努力を要する」状況（C）への手立て等を考えたりする。

（5）授業を実施する。作成した「指導と評価の計画」に沿って観点別学習状況の評価を行い，児童の学習活動や教師の指導改善につなげる。「指導と評価の一体化」の実施といえる場面である。特に児童の反応等の観察を行う際は，あくまで授業の流れの中で行うことが重要である。机間指導や児童の主体的な活動の時間に，チェックリストなどを活用して「記録に残す評価」として蓄積していく。

（6）観点ごとに総括する。蓄積した評価資料やそれに基づく評価結果などから，観点ごとの総括的評価（A，B，C）を行う。

第 11 章　音楽科の学習評価

5　新小学校学習指導要領における学習評価について

　新小学校学習指導要領では，目標や内容等が，育成を目指す資質・能力を中心として統一された新鮮なものとなっている。新しい考えは表面の文言だけではなく，細部にも垣間見られる。たとえば「知識」について，同学習指導要領解説音楽編では，「表現や鑑賞の活動を通して，実感を伴いながら理解されるようにしなければならない」となっており，「曲名や，音符，用語の名称などの単なる知識のみを指すものではなく，児童一人一人が，体を動かす活動などを含むような学習過程において，音楽に対する感性などを働かせて感じ取り，理解したもの」とされている。また中学年及び高学年の「技能」については「表したい音楽表現，すなわち思いや意図に合った表現などをするために必要となるもの」としている。つまり「思考力，判断力，表現力等」の育成と関わらせて「技能」の習得を位置づけているのである。一例ではあるが，評価規準を作成する際には，このような学習指導要領の趣旨を理解し，各観点の関連を図った指導と評価を進めていくことも重要となる。

　最後に繰り返すが，評価は，授業での児童の学習活動を振り返るだけではなく，教師自身の授業実践を省察し指導改善につなげ，さらには児童の学習を改善するために行うものである。つまり，Plan（指導計画等の作成）→ Do（指導計画を踏まえた教育の実施）→ Check（児童の学習状況，指導計画等の評価）→ Action（授業や指導計画等の改善）→再び Plan，という，いわゆる PDCA サイクルによる取組である。自身の学習指導と学習評価について自ら省察する力を鍛えることは，教師の力量形成にとって不可欠の営みなのである。

参考文献

国立教育政策研究所（2020）『「指導と評価の一体化」のための学習評価に関する参考資料【小学校音楽】』東洋館出版。

文部科学省（2017）『小学校学習指導要領解説 音楽編』東洋館出版。

津田正之（2017）「学習指導要領改訂のポイント」『初等教育資料』2017年 6 月号，東洋館出版社。

久米亜弥（2016）「小学校音楽科における評価についての教師の意識調査と学習支援に関する研究」香川大学大学院。

（岡田知也）

第 12 章

音楽科授業成立の鍵を握る学級経営
——授業を成功に導く大切な一瞬

　　今日の教育現場において，いじめ，学級崩壊等，さまざまな問題が生じていることは周知の事実である。このような問題は，当然ながら音楽科にも影響を与え，授業不成立の一要因ともなっている。音楽科授業では他教科以上に，「子どものノリのよさ」や「和やかな雰囲気を保ちつつ，けじめや切り替えを生じさせる」といったことが求められるため，教師の高度な力量が必要とされている。そこでこの章では，音楽科における教師の力量について状況把握や判断をする能力の観点から考え，いままであまり論じられなかった「音楽科授業を支える学級集団づくり」に焦点を当てて述べることとする。

1　観察者としての授業者

　　音楽科は教科の特質上，多様な認知能力が教師に要求される。例を挙げるなら，子どもに技能がどこまで定着したかを推察する瞬間的な音の聴き分け，活動に対して子どもが心を開き没頭しているか否かといった洞察，子どもの歌う（演奏する）姿勢や表情といった身体的所作に対する見極め等，数え上げればきりがない。したがって教師は，刻々と変化する子どもの瞬間的な状況を 1 つたりとも見逃すまいとする姿勢が重要となる。授業をすすめながらも子どもの状態の細部まで捉える力をもち得るような，いわば「観察者としての授業者」になれるような訓練を積むことが肝要である。

　　このことに関連して，木原成一郎は教師の力量を高めるためには次のことが必要であると述べている。

　　　「目の前の子どもの意欲や理解の状況を把握して即時に適切な意思決定をする柔軟で個性的な教授行為」に立ち向かうことが求められよう。　　　　　（木原 2007：35-36）

　　この言葉からもわかるように，本章では音楽科授業中の教師による瞬間的な状況把握や判断に焦点を当てて考察をすすめる。上に述べたような「瞬間的な音の聴き分け」「歌う（演奏する）姿勢や表情の見極め」のような音楽そのものに関する教師の営みをテーマとするのではなく，これまであまり論じられなかった「音楽科授業を支える学級集団づくり」の視点から考えていくこととする。

第 12 章　音楽科授業成立の鍵を握る学級経営

2　「学級集団づくりに関する教育的瞬間」を見逃してはいけない

　子どもの帰った放課後の教室で，今日の自分の指導を振り返る教師は，数多くいることだろう。そのとき頭に浮かぶことがらの中には，「ああ，あのとき，自分は何も指導できなかったけど，実際は子どもに指導するチャンスだったなあ……。そのチャンスを見過ごしてしまったなあ……」というような内容もあるだろう。こうした指導するチャンスは，すぐに消えてしまうといった性格を有しており，的確にキャッチできる教師もいればそうでない者もいる。また，同じ教師でも場合によっては，容易にとらえることができるときと，そうでないときがある。

　このような指導のチャンスを，ヴァン・マーネン (M. Van Manen) は「教育的瞬間 (pedagogical moment)」と呼んだ (Van Manen 1991)。教育的瞬間とは，ひらたくいえば，「教育を行う適切なタイミング」，「今ここで，指導を入れなければいけない一瞬」と考えてよい。

　教育的瞬間がいつ舞い降りてくるのか，それは予測が難しい。またそれは多様な姿で降ってもくる。予測が難しいのは，こうした瞬間が状況に埋め込まれている証でもあろう。このような性格を備えた教育的瞬間のなかでも，とくに音楽科授業における教師の力量を高めるためのベースとしてしっかり捉えたいのは，「学級集団づくりに関する教育的瞬間」である。たとえば，以下のような例が挙げられる。

　例：音楽科授業中，ある子が歌ったり表現したりしました。そのとき，みんなの中から笑い声
　　　が起きました。そんな瞬間……。

　以上はあくまでも例であるが，子ども相互のなかま意識を育てる学級集団づくりのためには，見過ごすことのできない大切な瞬間といえるだろう。この例のような瞬間は，音楽そのものの指導よりも，音楽科授業を支える学級集団づくりの指導を優先させなければならない。これほど大切な瞬間に，次のような状態は絶対に避けたい。

---

　① 学級集団づくりの指導をすべき瞬間なのに，なんの指導もなく放置される。
　② 学級集団づくりの指導をすべき瞬間なのに，音楽そのものの指導ばかりされる。

　上記①②のような状態が積み重なると，学級に荒れが起こり，最後には音楽科授業の崩壊をまねくことも考えられる。とくに②の状態は，指導がおこなわれているところに落とし穴があるといえよう。「先生。今は音楽の指導じゃなく，なかまの問題を解決してほしいんだ。そんな場面なんだ」と子どもは感じているのに，教師は音楽の指導ばかり……。

121

これでは授業は成立しない。つまり，音楽科授業では音楽そのものの指導だけをしていればよいのではなく，むしろこのような学級集団づくりの指導こそが求められる瞬間がある。なかまと心を開いて活動できる音楽科授業を目指すのなら，この点を強く意識したい。

3　教育的瞬間に教師が第一にしなければいけないこと

　ここで，音楽科授業における教育的瞬間の具体的場面について考えてみたい。具体例を以下に示している。場面を想像しながら，一瞬で考えて①〜④に○をつけ，それを選んだ理由を書いてみよう。

　音楽科授業中，ある子が歌ったり表現したりしました。その時，みんなの中から笑い声が起きました。さあ，先生はまず第一に何をすればいいでしょうか？

　　① みんなを叱る，注意する

　　② 歌った（表現した）子を励ます

　　③ 一緒に笑う

　　④ その他（　　　　　　　　　　　　　　　　　　　）

- -

理由：

　教師がまず第一にすることとして，①〜③は不適切だといえる。なぜなら，この例にはどんな笑いが起こったのかといった「笑いの質」が示されていない。それにもかかわらず（状況把握をしないまま），まず第一にすることとして，指導的な行為のみに着目するのはよくないといえるだろう。また，たとえ④を選んだとしても，状況を想定せず行為のみを取り上げることは不適切であろう。

　すなわち，教育的瞬間にまず第一にすることは，指導としての行為ではなく，そのときの状況を把握し判断することなのである。なぜなら，的確な状況把握，判断といった思考こそが，指導の出発点となるからである。ただしここでいう状況把握や判断は，いったん立ち止まって，行為するまでにゆっくり時間をかけて思考するといった性格のものではない。むしろ一瞬のうちに生起し，直感的で無意識の場合もあるような，いわば行為のなかに埋めこまれた思考だと考えられる。こうした思考を，ドナルド・ショーン（Donald A. Schön）は，「行為の中の省察（reflection in action）」と呼んだ（Schön 1983）。

第 12 章　音楽科授業成立の鍵を握る学級経営

4　行為の前に状況の本質を捉える

　くり返す。教育的瞬間に教師がまずやらなければいけないことは，状況把握や判断，つまりそのときの「状況の本質」を瞬時に的確に捉えることである。先ほどの例なら，「笑いの本質」を捉えることが大切だといえる。「温かい笑い」「冷たい笑い」「ノリのいい笑い」「バカにした笑い」等々，その状況の本質を確実に捉えて，それに見合った指導を適宜おこなう姿勢を保ちたい。

　当然，冷たい笑いやバカにした笑いなら注意を与える必要があるが，温かい笑いやノリのいい笑いなら教師も一緒に笑っていていいだろう。

　温かい笑いやノリのいい笑いまでをも教室から奪うと，冷え切ったしらけた空気が漂う。こうなると，子どもの自由な言葉もなくなり，心通い合う音楽表現どころではなくなることは想像に難くない。

　子どもが安心して自己表現できる音楽科授業の雰囲気づくりは，歌声や楽器の音だけではなく，笑い声を通して行うことも大切だと考えられる。笑い声を共有できる学級は，歌声も共有できる。そのためにも，「状況の本質」を瞬時に的確にとらえる教師の目，耳，皮膚感覚を研ぎ澄ましておきたい。

5　教育的鑑識

　斎藤喜博は次のように述べた。

　　教育とか授業とかにおいては，「見える」ということは，ある意味では「すべてだ」といってもよいくらいである。　　　　　　　　　　　　　　　（斎藤 1969：172）

　斎藤のことばに関連する考え方に，アイスナー（E. W. Eisner）の提示した，「教育的鑑識（educational connoisseurship）」がある（Eisner 1998）。アイスナーは，ワインのテイスティングを例に挙げて鑑識について述べている。

　ワインの鑑識とは，単に味わうだけでなく，香り，色などから五感を使ってブドウの品種や産地など，実にさまざまなことを判断する営みである。同じことを教育の場面におきかえると，授業中に起こるさまざまな出来事の本質を捉えることは，教育上の鑑識であると考えることができる。このような教育的鑑識は，まさに斎藤のいう「見える」こと，この章で述べている状況把握や判断と同じ意味で，このような能力が教師には強く求められているといっても過言ではない。

123

6 教育的鑑識のセンスがない教師はどうなるか

　筆者は，教育的鑑識がおこなわれない授業事例をたくさんみてきた。先ほどの例でいうと「笑い＝悪いこと→やめさせる指導をする」というような短絡的な指導パターンが，まるで数学の公式を丸暗記するかのようにインプットされている状態である。そのような教師は，何か笑いが起こる度に，状況把握をしないまま「笑ってはいけませんっ！」といった余裕のない叱り方をした。温かい笑いが起こっているときも同じであった。

　このような教師の授業では子どもの心が凍りついて，徐々に冷たい雰囲気になっていったことはいうまでもない。当然ながら，心が通い合う歌声など生まれるはずもなく，そこでまた「なぜ歌わないのっ！」といった教師の叱責だけが響く音楽室……。

　このような教師は，音楽の知識も豊富で確実な技能を備え，しっかりした音楽教育の理念をもった方々ではあったのだが，瞬間的に鑑識をするセンスに乏しく，状況把握をしないで「笑い＝悪いこと」といった，まるで１つの公式にあてはめたような短絡的な指導をくり返していたのである。

7 状況把握や判断の他にも心がけたいこと

　音楽科授業を支える学級集団づくりを目指して，状況把握や判断の他に心がけたいのは，毎回の授業で，すべての子どもと何らかのコンタクトをとることである。そのコンタクトとは（授業のタイプにもよるが），ユーモアのある言葉かけ，温かい視線（アイコンタクト），体の一部にふれる（学年や性別にも配慮しながら），等が挙げられる。

　このような教師の行為は，子どもの「自分もこの授業において大切な一人なんだ」という気持ちを呼び起こし，「自分一人くらい参加しなくても大丈夫だろう」というような気持ちを取り除く効果がある（学級の状態にもよるが）。このような営みの積み重ねによって，「自分一人でも歌える・演奏できる授業」ができれば最高であろう。そのような授業ができるということは，「一人の歌声や演奏を真剣に他の子が聴けるような学級集団づくりができている」ということであり，音楽科授業づくりと学級経営が密接に関係し合っていることを意味している。信頼し合える学級集団づくりが音楽科授業を支え，すばらしいハーモニーを生み感動ある音を奏でるといっても過言ではないだろう。

参考文献
　木原成一郎（2007）「初任者教師の抱える心配と力量形成の契機」グループ・ディダクティカ編『学び
　　のための教師論』勁草書房，29-55。

Van Manen, M.（1991）"Reflectivity and the Pedagogical Moment：the Normativity of Pedagogical Thinking and Acting," *Journal of Curriculum Studies*, 23（6）：507-536.

Schön, Donald A.（1983）*The Reflective Practitioner：How Professionals Think in Action*, Basic Books.

斎藤喜博（1969）『教育学のすすめ』筑摩書房。

Eisner, E. W.（1998）*The Enlightened Eye*, Upper Saddle River, NJ：Prentice-Hall.

高見仁志（2014）「音楽科教師の力量を高めるために──音楽科授業を支える『クラスづくり』」八木正一編著『音楽の授業をつくる──音楽科教育法』大学図書出版，121-126。

（高見仁志）

第13章

校内の全教師が音楽科を重要視する学校
——いかにして音楽文化を学校に根づかせるか

「音楽科は，国語科，算数科に比べ，教育内容，指導方法が校内の全教師に意識されていないような気がする。できなくてもいいような雰囲気もある」。

筆者の過去のインタビュー調査において，ある新人教師が述べた言葉である。この新人教師と同様の雰囲気を校内に感じ，音楽科が自分から遠ざかる印象を抱いた教師は少なくないだろう。

一方で，こうした音楽科軽視の雰囲気に自己を埋没させることなく，学校音楽文化の創造に向け，精力的な取り組みを進める教師が存在していることも事実である。このことに関連して権藤敦子が，「教師集団が協働して子どもの学びを組織，実現する学校において，音楽を介してともに成長する教師力のすばらしさを実感する」と述べるように（権藤 2008：26），同僚性は音楽科における教師の力量形成を促進する要因のひとつと捉えることができるのである。

そこで本章では，学校音楽文化や同僚性に焦点を当て，L小学校の事例を紹介し論を展開する。音楽科，国語科を核とした表現教育を学校文化として位置づかせるまで，L小学校の校長を中心とした熟練教師は，どのようにして若い教師らをメンタリングし学校全体としての教師力を高めようとしたのか，その実態に迫る。

1 事例の概要

L小学校は，M市における学校設置条例の一部改正にともない，2005（平成17）年に2つの小学校が合併し新設された学校である。

「豊かな心を持ち，自分を持つ子（個）・育てる子（個）」を教育目標として，表現教育に重点をおいた取り組みを展開している。表現教育の中心となるのは，音楽科における合唱，合奏，オペレッタと国語科の学習である。このような学習の成果は，自主的に催される大規模な授業研究会を通して，毎年広く教育界に公開されてきた。こうした研究会を核として，教師の自主的な研修にも力を注いでいる。

このような取り組みの結果，児童は落ち着いて学校生活を送り，基礎学力も向上してきたという。さらに，同校の教師，とりわけ若い教師は，着実に力量形成し成長しているという。また研究会は，年を追うごとに参加者が増え，他校の教師に大きな影響を与えてもいるのである。このような成果を生み出した要因を探るため，創設と同時に精力的に研修

第13章　校内の全教師が音楽科を重要視する学校

活動を推進してきたN校長と，創設3年目に赴任し音楽科を中心として実践を重ねてきたO教諭にインタビューした。

2　調査の手続き

　L小学校の学校概要，研究紀要，指導案等の資料により，学校の特色を踏まえたうえでインタビュー調査をおこなった。インタビューの視点は，① 学校概要，② 対象となる教育活動の内容，③ 実現に至った経緯，④ 組織的対応，⑤ リーダーシップ，⑥ 制度的サポート，⑦ 教職員の参画，⑧ 活動の成果と外部効果，⑨ 課題と今後の見通し，の9点を基本に，対象事例の特性を加味して適宜調整した。

　事例の記述にあたって，特色づくりの過程を学校内外の動きを視野に入れながら検討できるよう，1）活動の展開，2）学校組織の動き，3）外部資源と制度的基盤の活用の3つの視点に留意し時系列に従って図式化したうえで，これに基づいて組織の変化やリーダーシップの働きを記述していくこととした。

3　学校音楽文化が定着するプロセス

　L小学校に音楽文化が定着するまでのプロセスを，図13-1として提示する。
　インフォーマントの発話を掲載する際，引用の末尾に（N校長）または（O教諭）と記

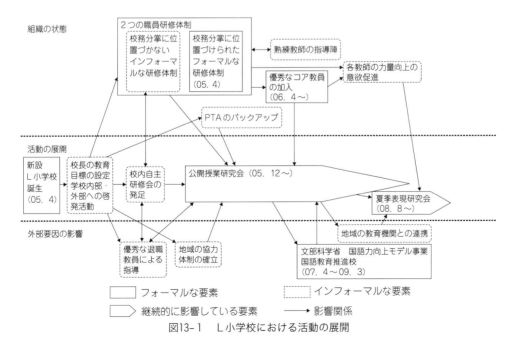

図13-1　L小学校における活動の展開

した（断続的な発話も含む）。意味のわかりにくい部分には，前後の文脈から考えて〔　〕をつけ筆者が補足した。また，解釈しまとめ直した要約を掲載する場合は，引用の末尾に（○○，筆者要約）と示すこととした。

（1）音楽科教育が定着する契機

　L小学校における表現教育の取り組みの契機となったこととして，まず第一に2つの小学校の「合併」が挙げられる。N校長は次のように述べている。

　　　合併というひとつのきっかけのなかで，ひとつ形ができていった，そのように考えています。合併が大きかったですね。　　　　　　　　　　　　　　　　　（N校長）

　次に，表現教育という分野が学校の特色づくりの基盤として選ばれた理由を，N校長の言葉から引く。

　　　やっぱり国語や算数のなかに表れる点数も大事です。でも，それよりも言語活動，芸術活動を通して人間のパーソナリティの陶冶をすることも絶対要るので……。それがなかったら，社会へ出て生きていけないので……。　　　　　　　（N校長，筆者要約）

　この言葉から，表現教育が選ばれたのはN校長の教育理念に起因していることが理解できる。このような教育理念が，同校の教育の根幹をなすコンセプトにまで昇華した理由は，N校長が強烈なリーダーシップをとり，同校の他の教師にそれを語り続けたからである。このことに関して，O教諭は次のように述べている。

　　　こういうことを通して子どもを育てるんだという，つねにそこに帰結してお話をされてるんですね。一番学ぶべきところをもってる校長先生が，リーダーシップをとっている学校だな，というふうに思ったわけなんです。　　　　　　　　　　（O教諭）

　O教諭の言葉からも，同校の特色づくりの契機として，N校長のリーダーシップの存在が不可欠であったことをうかがい知ることができる。

（2）活動の展開と同僚性

　N校長のリーダーシップのもと，1年目から自主的な研修会が発足した。これは，校務分掌に位置づかないインフォーマルな性格を有しており，教師間の垣根を取り払い，お互いが切磋琢磨し力量を高めようとするものであった。このことに関して，O教諭は次のように述べている。

第13章　校内の全教師が音楽科を重要視する学校

　　ベテランの人とか，そんな先生が〔授業中〕ふらっと入ってきて，授業をぱっとみ
　てそのまま立ち去る場合もあるし，場合によってはちょっと助言に入ったり…。打ち
　合わせをして，この時間に来てくださいというのではなくて，何の授業でも教えても
　らったり，みてもらったりというのが当たり前になってる，というところがあったん
　ですね。それは多分，創設当初から，そういう「学校文化」みたいなものがあるんで
　すね。　　　　　　　　　　　　　　　　　　　　　　　　　　　　（O教諭，筆者要約）

　このような自主研修に加えて，校務分掌に位置づいたフォーマルな体制も確立した。こ
のような2つの研修体制を基盤として，授業研究会が広く一般に公開されるようになった
のである。
　この授業研究会に対して，退職した優秀な元教師が指導に入るようにもなった。このこ
とに関して，N校長は次のように述べている。

　　先輩たちが残したものというのは，有形無形の形でいっぱい残ってる。それは，実
　践家が自分のなかに取り入れながら，子どもと一緒に再生産していく。その営みが教
　育そのもの。ですから，チャンスがあったときには，その先輩たちと何らかの形で，
　研究会を一緒におこなうということに意義がある。　　　　　　　　（N校長，筆者要約）

　このような先輩の知的財産の活用にあわせて，保護者や地域の教育力も巻き込み，授業
研究会は発展を続ける。N校長の言葉を引く。

　　研究会は，PTAからいろいろとしてもらいます。たとえば，当日の受付とか。だ
　から，PTAの役をされてきた方々というのは，みんな本校に対して誇りをもってお
　られると思います。ある意味，自分らが授業研究会をつくってきたというような……。
　　　　　　　　　　　　　　　　　　　　　　　　　　　　　　　　（N校長，筆者要約）
　　他に助けてもらってるのが，たとえば社会教育やったり，少年野球の人とかバレー
　の人とか。それから，緑のボランティアや，○○のおじいちゃんとか，手伝いに来て
　くれはる。地域が，やっぱり助けてくれてはるんですね。　　　　　（N校長，筆者要約）

　このようにN校長は，さまざまな立場の人々とのつながりが，学校の発展にとって不可
欠な要素であることを強調する。
　授業研究会の継続にともない，研究のコアとなる優秀な教師も加入するようになった。
O教諭は次のように述べている。

　　私はこの学校が3年目のときに転勤になりまして，実は創設当初からの公開授業発
　表には，2回とも来させていただいてるんです。それは自分自身，前任校でも音楽と

129

か表現をやっていたので，この学校の研究テーマをみたときからすごく興味はありました。

(O教諭，筆者要約)

　O教諭のように，授業研究会の取り組みに触発され，自己の能力を同校で開花させようと考えた教師は，その多くが今では研究体制のコアとして活躍している。

　この授業研究会に文部科学省も注目し，平成19・20年度には同校を「国語力向上モデル事業国語教育推進校」に指定する。そのようななかで，教師の力量向上の意欲はさらに促進され，「夏期表現研修会」が始まる。夏期表現研修会とは，同校の教師が講師となり，地域の他の小学校教師を指導するといったものである。

　そこに設定されているのは，音楽講座，ダンス講座，音読講座，国語講座などである。この研修会でL小学校の教師には，他校の教師を指導するための準備，すなわち日々の教育実践の省察が要求される。指導者の指導者となる経験を積むことによって，教師としてさらなる力量形成に拍車がかり，それが授業研究会の発展の大きな源泉となっているのである。

4　なぜL小学校に音楽文化が根づいたのか

　L小学校に音楽文化が定着した要因は，次の3点にまとめることができよう。

　1つ目は，「制度としての環境の変化」と「新しい教育理念の出現」が，改革の契機として同時に作用したことである。制度としての環境の変化とは，合併による新しい学校の出発や教職員の一新等，過去の延長線上にはない，たとえるなら新雪のゲレンデのような状態にリセットされたことである。そしてその新雪に最初に描かれたシュプールこそが，N校長の教育理念であったといえよう。このような出発時の状況が，同校の取り組みが発展する最大の契機となったと考えられる。

　2つ目は，N校長のリーダーシップが，内部と外部の両方に大きく作用していることである。内部への啓発に関しては，前述したO教諭の言葉の通りである。すなわち，N校長は，表現教育に対する熱い情熱が全教師にみなぎるまで，自己の教育理念をドラスティックに語り続けている。この影響力は大きく，同校には「研究する教師集団」が形成されているといってよいであろう。また，外部に対しても，PTAあるいは地域に訴えかけ，学校への協力体制を築きあげている。学校を拠点にして，子どもと教師，保護者，地域等がつながり合うことを重要視していたことがうかがえる。いずれにせよ，内部組織の結束，外部団体の巻き込み，の両方に総力を結集した取り組みが奏功したという見方が可能となるであろう。

　3つ目は，「先輩の知的財産を活用し人材を育て，学校文化を継承しよう」とするL小

学校の風（ふう）が，信頼関係をともなって職員間に確立されていることである。同校では，先輩の教育実践に学び，自分でもそれを追試し省察するといった実践力が，若手教師に備わりつつある。また，熟練教師は教師間の閉鎖性を排除するべく，若手教師の授業に頻繁に入って助言を与えているのである。これは，「教師の力量を高めることがよい授業を生み出し，それが子どもたちを大切に育てることにつながる」という意識が教師間に共有されている証である。このような良質で前向きな同僚性こそが，同校の教育活動を支えているといってよいであろう。

　以上のように，学校全体を視野に入れ音楽文化をつくり出そうとする営みは，自己の授業にも好影響を及ぼす教師の力量形成につながる重要なプロセスであることが理解できる。

参考文献

権藤敦子（2008）「学校づくりと音楽科——協働を通して成長する教師」『音楽教育実践ジャーナル』日本音楽教育学会，5（2）：19-26。

高見仁志（2014）『音楽科における教師の力量形成』ミネルヴァ書房。

　＊本調査において収集・活用した資料は下記の通りである。なお，本文中の記述は，インタビューのデータに基づくものであり，必要に応じ下記資料により事実関係を確認している。

・L小学校（2008）『平成20年度研究のまとめ——表現　自ら学び自ら考え取り組む子（個）』

・L小学校（2008）『L小学校第4回公開授業——表現　それは表に現れたる人としての育ち』

・L小学校（2008）『L表現研修会——表現活動　国語・音楽・踊りを学びませんか』

（高見仁志）

第14章

音楽科と保幼小連携

　　小学校と同じく保育所や幼稚園等でも，さまざまな音楽活動がおこなわれている。しかしそこには大きな相違がある。小学校では教科の枠組みのなかで授業が実施され，具体的に設定された知識・技能の習得，思考力・判断力・表現力等の育成が目指される。一方で保育所や幼稚園等では，子どもが遊びや生活のなかで，環境と関わりながら何かを感じる・気づくこと，考える・試す・工夫することが大切にされる。その営みにおいて生じる多様な表現のひとつとして，音や音楽が捉えられる。

　　こうした違いがあるなかで，保育所・幼稚園等と小学校が連携し，各段階における役割と責任を果たすとともに，教育の連続性や一貫性を確保し，体系的な教育を組織的におこなうことが，近年とくに重視されてきている。本章では，保幼小連携がいかなる社会的課題を背景にして取り組まれているのか，連携を実現するうえでの課題とは何か，音楽科はこれにどう向き合うのかについて考えていく。

1　保幼小連携の背景

　本節では，保幼小連携の必要性がいわれるようになった背景について概説する。しかしその前に，まず「保幼小連携」の語自体について説明しておこう。

　保幼小連携は，2000年代は「幼小連携」と呼ばれ，文部科学省の管轄である幼稚園と小学校の接続の問題として論が交わされてきた。しかしこの問題は，厚生労働省の管轄である保育所も含めて検討されるべきものである。このことから，近年は「保幼小連携」の語がもちいられるようになっている。さらに，2006（平成18）年に幼保連携型認定こども園（以下「認定こども園」という）の制度が始まり，2014（平成26）年には幼保連携型認定こども園教育・保育要領が告示された。今後はこれも含めて保幼小連携を考えていくべきであろう。以上を踏まえ，本章では「保幼小連携」の語によって，保育所・幼稚園・認定こども園（以下，3つを総称して「園所」という）と小学校との連携を含意するものとする。

（1）小1プロブレムへの注目

　1990年代末から，集団行動がとれない，授業中にじっとしていられず教室内を立ち歩くなどの問題行動や，それによる授業の不成立が小学校第1学年においてみられるという「小1プロブレム」がメディアで報じられるようになった。これが社会的にも注目を集め，その原因と改善策を探るなかで，就学前の幼児教育と小学校の間の連携が必要であるとの

第14章 音楽科と保幼小連携

見方がつよまる。2000年代前半には幼小連携のあり方や方法の検討がなされるにいたった（東京学芸大学「小1プロブレム研究推進プロジェクト」2010：1-4）。

（2）学校教育法の改正

　前項で述べたような潮流がつよくなるなか，2007（平成19）年に学校教育法改正がおこなわれた。このときに，第22条において幼稚園教育の目的が「義務教育及びその後の教育の基礎を培う」ことであると明記され，幼稚園が，小学校・中学校・高等学校・大学に至る一連の学校教育における第一歩として明確に位置づけられる。この改正以降，保育所や認定こども園も含めて保幼小の接続や連携がさかんに議論されるようになっていった。

（3）保育所保育指針・幼稚園教育要領等における保幼小連携への言及

　学校教育法の改正につづいて，2008（平成20）年告示・2009（平成21）年度施行の幼稚園教育要領・保育所保育指針，2008（平成20）年告示・2011（平成23）年度施行の小学校学習指導要領，さらには2014（平成26）年告示・2015（平成27）年施行の認定こども園教育・保育要領において，保幼小連携に関してそれぞれの校種が留意すべき点が規定された。もっとも新しい2017（平成29）年告示版の保育所保育指針における保幼小連携に関する記述をみてみよう。

第2章　保育の内容　4　保育の実施に関して留意すべき事項
　（2）　小学校との連携
　　ア　保育所においては，保育所保育が，小学校以降の生活や学習の基盤の育成につながることに配慮し，幼児期にふさわしい生活を通じて，創造的な思考や主体的な生活態度などの基盤を培うようにすること。
　　イ　保育所保育において育まれた資質・能力を踏まえ，小学校教育が円滑に行われるよう，小学校教師との意見交換や合同の研究の機会などを設け，第1章の4の（2）に示す「幼児期の終わりまでに育って欲しい姿」を共有するなど連携を図り，保育所保育と小学校教育との円滑な接続を図るように努めること。

（2017（平成29）年告示　保育所保育指針より，下線筆者，以下同様）

この記述と同内容の文言が，幼稚園教育要領「第1章　総則」の「第3　教育課程の役割と編成等」に「5　小学校との接続に当たっての留意事項」として示されている。また幼保連携型認定こども園教育・保育要領「第1章　総則」の「第2　教育及び保育の内容並びに子育ての支援等に関する全体的な計画等」の「1　教育及び保育の内容並びに子育ての支援等に関する全体的な計画の作成等」にも，「（5）　小学校教育との接続に当たっての留意事項」として示されている。

　さらに幼稚園教育要領では，以下のことも示されている。

133

第1章　総則

　第6　幼稚園運営上の留意事項

　　3　地域や幼稚園の実態等により，幼稚園間に加え，保育所，幼保連携型認定こども園，小学校，中学校，高等学校及び特別支援学校などとの間の連携や交流を図るものとする。特に，幼稚園教育と小学校教育の円滑な接続のため，幼稚園の幼児と小学校の児童との交流の機会を積極的に設けるようにするものとする。また，障害のある幼児児童生徒との交流及び共同学習の機会を設け，共に尊重し合いながら協働して生活していく態度を育むように努めるものとする。　　　　　　　　　　（2017（平成29）年告示　幼稚園教育要領より）

　以上のように，2017（平成29）年告示の指針・要領においては，具体的な連携のあり方について「意見交換」「合同の研究」「幼稚園の幼児と小学校の児童との交流の機会」といった具体的な文言を交えるかたちで，前回改訂・改定時よりも踏み込んで示されている。

（4）小学校学習指導要領における保幼小連携への言及

　一方，小学校の学習指導要領においても，保幼小連携に関する文言が記されている。

第1章　総則

　第2　教育課程の編成

　　4　学校段階等の間の接続

　　（1）　幼児期の終わりまでに育ってほしい姿を踏まえた指導を工夫することにより，幼稚園教育要領等に基づく幼児期の教育を通して育まれた資質・能力を踏まえて教育活動を実施し，児童が主体的に自己を発揮しながら学びに向かうことが可能となるようにすること。また，低学年における教育全体において，（中略）教科等間の関連を積極的に図り，幼児期の教育及び中学年以降の教育との円滑な接続が図られるよう工夫すること。特に，小学校入学当初においては，幼児期において自発的な活動としての遊びを通して育まれてきたことが，各教科等における学習に円滑に接続されるよう，生活科を中心に，合科的・関連的な指導や弾力的な時間割の設定など，指導の工夫や指導計画の作成を行うこと。

第2章　各教科

　第6節　音楽

　第3　指導計画の作成と内容の取扱い

　　1　指導計画の作成に当たっては，次の事項に配慮するものとする。

　　（6）　低学年においては，第1章総則の第2の4の（1）を踏まえ，他教科等との関連を積極的に図り，指導の効果を高めるようにするとともに，幼稚園教育要領等に示

第14章　音楽科と保幼小連携

す幼児期の終わりまでに育ってほしい姿との関連を考慮すること。特に，小学校入
学当初においては，生活科を中心とした合科的・関連的な指導や，弾力的な時間割
の設定を行うなどの工夫をすること。

(2017（平成29）年告示　小学校学習指導要領より)

こちらにおいても，保幼小連携や接続のあり方として，とくに低学年において，幼児期に
遊びを通して育まれてきたことを教科の学習に接続する，合科的な指導をおこなうといっ
た具体的な方法を盛りこんだ記述がなされている。今日，保幼小連携は，社会的にも，要
領・指針においても，重要な保育・教育的課題とみなされていることを，まずは押さえて
おきたい。

2　音楽科と保幼小連携をとりまく課題とそれを踏まえた工夫・配慮

　本節では，音楽科で保幼小連携に取り組むにあたってどのような課題があるのか，それ
を踏まえてどのような工夫や配慮をすることが求められるのかについて解説する。

(1) 指針・要領における音楽

　指針・要領において，音楽に関する記述はどのようになっているのか。ここでは保育所
保育指針の「第2章　保育の内容」の「3　3歳以上児の保育に関するねらい及び内容」
を抜粋してみていく。なお，今次の改訂・改定では，保育所・幼稚園・認定こども園の3
つの指針・要領の「ねらい及び内容」について，できる限り一致させるという方針がもた
れている。よって，以下に示す保育所保育指針の文言は，かなりの部分が幼稚園教育要領
や認定こども園教育・保育要領のそれと重なっている。

第2章　保育の内容
　3　3歳以上児の保育に関するねらい及び内容
　（2）ねらい及び内容
　　オ　表現
　　　感じたことや考えたことを自分なりに表現することを通して，豊かな感性や表現する
　　　力を養い，創造性を豊かにする。
　　（イ）内容
　　　①　生活の中で様々な音，形，色，手触り，動きなどに気付いたり，感じたりする
　　　　などして楽しむ。
　　　②　生活の中で美しいものや心を動かす出来事に触れ，イメージを豊かにする。
　　　③　様々な出来事の中で，感動したことを伝え合う楽しさを味わう。

135

④　感じたこと，考えたことなどを音や動きなどで表現したり，自由にかいたり，つくったりなどする。

⑤　いろいろな素材に親しみ，工夫して遊ぶ。

⑥　音楽に親しみ，歌を歌ったり，簡単なリズム楽器を使ったりするなどする楽しさを味わう。

⑦　かいたり，つくったりすることを楽しみ，遊びに使ったり，飾ったりなどする。

⑧　自分のイメージを動きや言葉などで表現したり，演じて遊んだりするなどの楽しさを味わう。

（2017（平成29）年告示　保育所保育指針より）

以上のように，指針・要領においては，音や音楽による表現が，かくことや飾ることや動くこと，思いを伝え合うことといったさまざまな表現のひとつとして位置づけられている。またそうしたあらゆる表現の基盤にあるのが，生活であり，遊びである。こうした見方は，とくに小学校低学年における音楽科授業を構想するうえでヒントとなるものである。教師が子どもたちの生活や遊びから着想を得て授業を構想していくことで，保幼小の学びに連続性をもたせることができるだろう。

（2）園所における音楽活動の多様性

前項でみてきたように，指針・要領においてはそれほど具体的に音楽に関する内容が定められているわけではない。そのため，園所における音楽活動は質の面でも量の面でも非常に多様なものとなっている。

多くの園所において，音楽活動はほぼ毎日おこなわれている（三村ほか 2004：268）。たとえば朝の会や昼食の時間，帰りの会において「朝の歌」「お弁当の歌」「お帰りの歌」等がうたわれ，歌唱とあわせてあいさつや生活習慣を学ぶという園所も珍しくない。一方で，こうした活動をまったくしない園所もある。自由保育や子ども主体の保育を標榜している園所においては，保育者主導で子どもたちが一斉に歌をうたうこと自体を避けているケースもある。また，たとえばキリスト教や仏教等の宗教法人が運営している園所では，日常的にうたわれる歌が聖歌やご詠歌である場合があり，子どもたちの習得するレパートリーも独自性のつよいものとなることが想定される。さらに鼓笛隊の活動に力を入れ，年間に数回パレードや出前演奏をしている園所もある。この場合，子どもたちは器楽を中心に音楽活動をすることになる。

以上のような多様性が一因となり，小学校に入学したばかりの子どもたちの間には，出身園所の方針によって音楽的技能や知識に大きな差があることになる。このことに，音楽科における保幼小連携，とくに学習の連続性や系統性を考えるうえで配慮する必要がある。できれば，その小学校に入学してくる子どもが通っていた複数の園所に出向いて，見学や情報交換をおこない，実態を把握することが望ましいだろう。

3 音楽科に関する保幼小連携の事例

　本節では，音楽科と関わる保幼小連携の実践事例をみていく。

（1）教職員による交流・協働

　保幼小連携のひとつの手立てとして，保育士や幼稚園教諭，小学校教諭間での交流を図ることが挙げられる。実は2000年代には，研究会において幼稚園教諭と小学校教諭が小1プロブレムの原因をめぐるバトルを繰り広げたという記録も残されている（東京学芸大学「小1プロブレム研究推進プロジェクト」2010：1-4）。しかし，どちらに瑕疵があるのかを究明しようとするのではなく，各園所・学校において日々どのような保育・教育がされているのかを知り，思いを寄せ合うところから，教職員間の保幼小連携をおこなうべきであろう。今日ではそうした事例も多く報告されている。

　たとえば栃木市では，保幼小の教職員が子どもの発達や学びの連続性について話し合い，相互理解を深める取り組みをおこなっている。ここでは2日間の職場体験が実施され，保育士や幼稚園教諭が小学校に赴く際には，保育技術の生かしやすい音楽科・体育科授業にティーム・ティーチングとして参加したという（文部科学省・厚生労働省2009：8-9）。先ほども述べたように，園所では毎日のように何らかの音楽活動をおこなっているところも多い。これを踏まえれば，保育士・教諭が連携先の園所や小学校に赴いて子どもたちと関わる場合に，音楽科授業の場を活用することは，ひとつの手立てとして考えられるだろう。

（2）子ども同士の交流

　校種を超えて子どもたちがひとつのイベントに参画し交流した事例もある。大津市においては，保育所・幼稚園の5歳児クラスと小学校第5学年の子どもたちが，音楽会をはじめとする行事を合同開催したり，栽培活動をともにおこなったりするという交流がなされている（文部科学省・厚生労働省 2009：21-33）。

　この事例のように音楽会を通じて子ども同士の交流をおこなう際には，小学校の子どもたちがプログラムを作成し，園所の子どもたちをどのように音楽で楽しませるか，またどのようにしてともに音楽表現をすることが可能かについて，検討するプロセスを音楽科授業に組み込むこともひとつのアイデアであろう。これは「『場』の設定を中心とした授業づくり」といわれるものであるが，このような構成の授業により，小学校の子どもたちは音楽と人々，音楽と生活や社会との結びつきを体験的に学ぶことができると考えられる。

4 保幼小連携と教科の学習の両立

　最後に，音楽科ならではの保幼小の連携や接続に向けた１つの視点を提示したい。実は，園所における音楽活動で定番となっている楽曲のなかには，かたちを変えて小学校の授業でもちいることのできる楽曲も少なくない。楽曲を多角的に分析・検討すれば，１つの楽曲をそれぞれの学年や発達段階にふさわしいかたちで学習活動にもちい，それを交流行事や交流授業であつかうことができると考えられる。

　たとえば「勇気100％」（松井五郎作詞・馬飼野康二作曲）は，元々はアニメのテーマソングであったものだが，園所で大人気の定番となっている曲である。年間を通じて歌われ，これに合わせて行事の際の入場がおこなわれることも多い。この曲を，小学校低学年では打楽器による合奏の活動に，中学年では旋律の感じの変化を手がかりに強弱を工夫する活動に，さらに高学年ではソプラノ・リコーダーの活動にもちいるといったことが可能である（この曲の旋律をハ長調で吹くと，小学校６年間で学ぶソプラノ・リコーダーのほぼすべての音域を網羅することができる）。園所ですでに親しんできた楽曲であるため，より効果的に，子どもたちにとって新規の内容にフォーカスして，学習することができるだろう。こうした学習を経て，交流行事で全体合奏などをおこなえば，各校種・各学年にふさわしい内容の教科学習と，保幼小連携とを両立させることができる。

　音楽科で保幼小連携を考える場合には，指針や要領で示されている事項に留意するのはもちろん，こうした分析や工夫をすることで，単なる交流にとどまらない質の高い学習を実現できるはずである。園所の保育士・教諭と連携し交流行事や授業をおこないつつ，各学年に応じた適切な内容の学習もあわせて志向することが，小学校教諭に求められている。

参考文献

安彦忠彦（2017）『平成29年版　小学校学習指導要領　全文と改訂のピンポイント解説』明治図書出版。

東京学芸大学「小１プロブレム研究推進プロジェクト」編（2010）『小１プロブレム研究推進プロジェクト報告書』東京学芸大学。

内閣府・文部科学省・厚生労働省（2017）『平成29年告示 幼稚園教育要領 保育所保育指針　幼保連携型認定こども園教育・保育要領　原本』チャイルド本社。

三村真弓ほか（2004）「音楽教育における保幼小連携のための基礎的研究——音楽教育に関する意識調査を中心に」『教育学研究紀要』第50巻，中国四国教育学会。

無藤隆他（2017）『ここがポイント！　３法令ガイドブック——新しい『幼稚園教育要領』『保育所保育指針』『幼保連携型認定こども園教育・保育要領』の理解のために』フレーベル館。

文部科学省・厚生労働省（2009）『保育所や幼稚園等と小学校における連携事例集』文部科学省・厚生労働省。

（森　　薫）

第15章

指 揮 法

　　指揮者の役割は，大きく分けて「演奏者の入りをそろえること」「拍子を示し，テンポを維持したり変化させたりすること」「音楽的な表情を引き出すこと」の3つである。演奏者にとってわかりやすい指揮をするためには一定のテクニックが必要となる。また指揮は，児童にとって楽曲の特徴や演奏のよさを理解するための1つの手段でもある。この章では，まず児童の合唱や合奏をリードするために教師が身に付けておくべき基礎的な指揮のテクニックを取り上げる。後半では，楽曲の特徴や演奏のよさの理解の視点から音楽の授業において児童に指揮をさせることの意味と配慮について述べる。

1　指揮棒の持ち方

　指揮棒がなくても指揮はできる。しかし演奏者の数が多い場合や打点を明確に示す必要のある軽快な楽曲を指揮する場合には指揮棒を使用した方がよい。指揮棒の持ち手にはコルクでできたグリップがついている。この部分を利き手の手のひらに当て，人差し指の第1関節と親指で棒の根元を握り，他の指は軽く添える（写真15-1）。脇を閉じ，肘をほぼ90度に曲げ，前腕が水平に前方に向かっている状態が基本のポジションである。このとき親指を上にする構え方と手の甲を上にする構え方の2通りがある（写真15-2）。

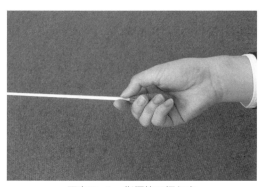
写真15-1　指揮棒の握り方

写真15-2　基本のポジション

2 指揮の基本的テクニック

(1) 肘から先を中心に

脇を開き上腕を大きく動かしすぎると指揮の美しさが損なわれ，演奏者に打点がわかりにくくなる。指揮では肘と手首によってつくられる前腕の動きを主に使う。

(2) 叩き

演奏者に拍の流れを明確に伝えるためには，空中の1点を文字通り「打つ」ことによって示す打点が必要になる。斎藤秀雄はこれを「叩き」と呼んでいる（斎藤 2010）。まず基本のポジションから前腕を上に向かって跳ね上げ，自然に落下して元のポジションに戻して止める。跳ね上げたあとは，力を抜いて自由落下運動に任せることが必要である。この動きに慣れたら，次第に基本のポジションで止める時間を短くし，最終的には連続で叩きができるようにする。感覚をつかむために，指揮棒の代わりにマレットを持ち，木琴の鍵盤を響きのある音で鳴らす練習をするとよい。鍵盤を叩いた瞬間にタイミングよく前腕を跳ね上げると響きのある音が鳴る。このときの前腕の動きを指揮に応用する。

(3) 1拍子の指揮

叩きを連続すれば1拍子の指揮となる（図15-1）。ワルツのように速度の速い3拍子の楽曲は1小節を1単位として1拍子で指揮することが多い。

(4) 遅いテンポの練習

遅いテンポで叩きをするときには，自由落下に任せていては間がもたなくなる。跳ね上げたあと上空で失速する瞬間と加速する瞬間の時間をやや長く保つことでテンポを遅くすることができる。

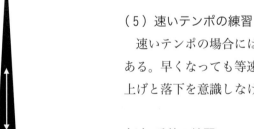

図15-1　1拍子の軌道
軌道線が太いほど速度が速いことを表す

(5) 速いテンポの練習

速いテンポの場合には逆に加速度を高める必要がある。早くなっても等速運動にならないように跳ね上げと落下を意識しなければならない。

(6) 手首の練習

叩きの瞬間に手首の先を鋭く小さくしなうように動かすことで打点をさらに明確にすることができる。

（7）2拍子の練習

すべての拍子の指揮において，1拍目は，必ず基本の叩きと同じく垂直に落として叩く。2拍子の場合には，1拍目の打点のあとに前腕を外側に斜めに降り上げ，同じ軌道を戻って叩くことで2拍目を示す。2拍目の打点のあとは再び垂直に跳ね上げ，次の1拍目を準備する（図15-2）。

（8）3拍子の練習

3拍子の場合には，1拍目の打点のあとに，内側（右腕の場合には左側）に斜めに跳ね上げ，外側に開きながら叩くことで2拍目を示し，3拍目は再び内側に戻しながら叩く（図15-3）。

（9）4拍子の練習

4拍子の場合には，1拍目の打点のあとに再び垂直に跳ね上げて叩くことで2拍目を示し，次に3拍子の2拍目と同様に外側に開きながら叩いて3拍目，内側に戻して4拍目を示す（図15-4）。

（10）6拍子の練習

① 遅い6拍子

遅い6拍子の場合には，1拍目のあとにやや小さめに垂直に2回叩くことで2拍目3拍目を示す。3拍目の叩きのあとにやや大きく内側に跳ね上げてから外側に開きながら叩いて4拍目を，4拍目と同じ軌道をやや小さめに叩くことで5拍目を，5拍目のあとに内側に戻しながら6拍目を示す（図15-5）。

② 速い6拍子

速い6拍子の場合には，3拍ずつを単位にして2拍子で示すとよい。

（11）レガートな楽曲の指揮

比較的ゆったりとしたレガートで叙情的な楽曲の場合には，打点を明確に示す叩きによる指揮では曲

図15-2　2拍子の軌道＊

右手で指揮をする場合の指揮者から見た指揮棒の軌道

図15-3　3拍子の軌道＊

図15-4　4拍子の軌道＊

図15-5　6拍子の軌道＊

想にふさわしくないことがある。その場合には，跳ね上げと自由落下による加速度をともなう動きではなく，明確な打点をつくらずに等速で指揮をするとよい。

(12) リタルダンドやアッチェレランドの練習

指揮者の大きな役割の1つがテンポの変化の指示である。リタルダンドをかける場合には，打点と打点の間隔を少しずつ長くしていくことで，テンポを遅くすることを演奏者に指示する。テンポが遅くなることにより1拍の間隔が長すぎて1打点では示せない場合には，1つの拍を2つに分割し，2打点で示すとよい。アッチェレランドの場合には，逆に打点間を短くしていく。

(13) 入りの合図

① 演奏開始の合図

演奏開始を合図するために，楽曲が始まる拍の前の拍を準備として演奏者に示す。これを予備拍という。予備拍は1拍ないし2拍でよい。予備拍が多すぎると演奏者が混乱して入りを間違える恐れがある。いずれの場合も演奏者が入る1拍前に，自分も一緒に歌や楽器の演奏を開始するつもりで息を吸い，それと同時に少し大きめに振り上げるとよい。

② 演奏中の入りの合図

伴奏だけが先に入る楽曲や，複数のパートに分かれていて曲中の入りのタイミングが違う楽曲の場合には，それぞれ新しいパートの入りを演奏者に示す必要がある。この合図が明確に示されると演奏者は安心して歌い始めたり演奏を始めたりできる。演奏開始の合図と同じく新しいパートが演奏を始める1拍前に息を吸い，少し大きめに振り上げる（譜例15-1）。このとき演奏を開始するパートの方に身体を向け，演奏者と視線を合わせることが大切である。

(14) 演奏終了の合図

演奏の終わり方は，楽曲によって異なるためそれぞれの状況に合った演奏終了の合図を示す必要がある。テンポを維持したまま，短い音で終る楽曲であれば，最後の音の打点を示したあとで跳ね上げ，次の叩きをせずに上空で静止する。フェルマータ等の長い音で終る場合には，最後の音の打点を示したらその位置で静止し，必要な長さだけ伸ばしたら，静かに上に持ち上げ，上空で小さな輪を描くようにして音を切る。

第 15 章　指 揮 法

譜例15-1　演奏中の入りの合図

(15) 両手で指揮をする

　両手で指揮をするときに，左右対称の動きをすることにはあまり意味がない。右手で拍子を示す場合には，反対側の左手は，演奏者に対して右手では表しきれない表情を指示するために用いる。たとえば，クレッシェンドをかけていく場合には，演奏者に対して手の甲を見せ，手前に引きつけながら少しずつ上げていく。反対にデクレッシェンドをかける場合には，手のひらを相手に見せ，身体から離しながら少しずつ下げていく。また演奏進行中にフレーズの終わりなどの長い音をしっかり保って演奏してほしいときには，手のひらを上に向けて前方で静止させ，必要な長さだけ伸ばしたら，静かに上に持ち上げ，上空で小さな輪を描きながら音を取るように手を軽く握る。いずれの場合にも，指揮棒を持っている方の手は，演奏者に対して拍子を示し続けていなければならない。このように左右非対称の動きを行うことは難しいので，普段から練習する必要がある。

3　児童への指揮の指導

(1) 音楽を特徴付けている要素や音楽の仕組みの働きに気づいたり，感じ取ったことを伝え合ったりする

　私たちは，つねに身体を通して世界と出会い，その出会いがもたらす身体的な感覚が世界像をつくると同時に，私たちの自己像を形成している。

　このことについて佐藤公治（2012）は，西田幾多郎の行為的直観に関する論述に基づき次のように述べている。

143

もう一つ西田が行為の働きとして指摘していることは，行為によって私たちは外に向かってモノを作り出していく過程を通して自己も作られていくということである。何故なら，私たちは自分たちが作り出した世界の中にこの世界と関わりを持った自分たちの姿，意識を見るからである。　　　　　　　　　　　　　　　（佐藤 2012：41頁）

　音楽の流れは聴き手に自然な身体の揺れやステップを引き出す。それと同時に音楽と同調している自分自身の身体的な感覚が流動的な音楽の響きを組織化し，新しい感じ方を形成する。さらにこの音楽と身体感覚との同調関係が精緻化するにつれて，それにともなう音楽の感じ方も深まっていく。つまり音楽に合わせて動作することは，それ自体が音楽理解の１つの方法でもあるといえる。
　とりわけ指揮は，速度や強弱，拍子などの音楽的な要素のかかわりによって生み出される楽曲の特徴や演奏のよさに出会う最も優れた手段である。
　2017（平成29）年６月に公表された小学校学習指導要領解説（文部科学省 2017a）では，低学年の段階から音楽に合わせて身体を動かしたり，音楽から感じ取ったことを，言葉や体の動きで表して伝え合ったりするなどの活動が提案されている。また「指揮者の様子を見ながら指揮をさせる」ことが，音楽の特徴を聴き深める手立てとして挙げられている（112頁）。音楽の中に現れる強弱や速度，あるいはリズムや旋律の特徴に反応して，歩いたり身体を揺らしたりする活動を十分に積んでおくことは，指揮による表現の重要な準備になる。
　指揮をさせる場合には，音楽を特徴付けている要素や音楽の仕組みの働きに気づかせたり，感じ方を深めたりすることが目的であることに留意し，指揮の形や技法にはあまりこだわらない方がよい。音楽の特徴を上手に捉えた児童の振り方を教師が取り上げ，全体で共有することで，音楽に対する反応を深めたり，広げたりするとよい。

（２）音楽を形づくっている要素の働きを意識して指揮の表現を工夫する
　表現活動における指揮の取り扱い方について中学校学習指導要領解説には次のように述べられている。

> 　指揮は，主体的に音楽を表現する手段の一つとして意味のある活動である。生徒が指揮を体験する機会を設けることは，音楽を形づくっている要素の働きを意識して表現を工夫する学習につながっていく。　　　　　　　　　　　　　　　（文部科学省 2017b：99頁）

　前述したように音楽に合わせて動作することは，それ自体が音楽理解の１つの方法でもある。表現の場合にも，自分が求めている演奏表現を指揮の動作によって示すことは，それを演奏者に対して伝えようとすることであると同時に，自分の理想とする音楽の姿を理解することでもある。つまり自分の指揮表現の動作とそれによって引き出された演奏との

相互作用によって，音楽理解が深まっていくのである。

　表現意図を演奏者に対して示す指揮をするためには，前述したある程度の基礎的な技能が必要となる。しかしながら学習指導要領解説にも述べられているように，指揮法の専門的な技術を習得することを目的にする活動にならないように留意しなければならない。

　映像教材により，同じ楽曲を異なる指揮者が演奏している様子を観察させ，指揮者の動作とそれによって引き出されている演奏表現の特徴との関係について考えさせることも，表現の工夫の力を育てていくうえで効果的な活動である。

　注
　＊　便宜上，打点の位置を左右にずらして示しているが，実際には身体の正面の1点を叩く。

参考文献
佐藤公治（2012）『音を創る，音を聴く——音楽の協同的生成』新曜社。
斎藤秀雄（2010）『指揮法教程：改訂新版』音楽之友社。
文部科学省（2017a）『小学校学習指導要領解説　音楽編』。
文部科学省（2017b）『中学校学習指導要領解説　音楽編』。
山田一雄（1966）『指揮の技法』音楽之友社。

（菅　　裕）

第 16 章

音楽理論

　本章では，授業研究をおこなう際に必要となる基礎的な音楽理論を学ぶ。平成29年版小学校学習指導要領に示されている，「A表現」及び「B鑑賞」の活動を通して学習する共通事項についての理解を深め，さらに，和声の指導において必要となるⅠ，Ⅳ，Ⅴ及びⅤ₇の仕組みや，相対的な音程感覚を育てるために必要となる移動ド唱法の方法などについても触れる。また，第7節でコード記号について触れているが，コード記号を用いて簡易伴奏ができるようになることを目的としているため，演習をともなった学習を期待する。

1　譜表と音名

（1）五線と加線

　音の高低を記譜するのに五線を用いる。下から順に第1線，第2線，第3線…といい，第1線と第2線の間を第1間という。五線内に記譜することができない音は，短い線を補う。この短い線を加線という。各線および各間の名称は次に示すとおりである。

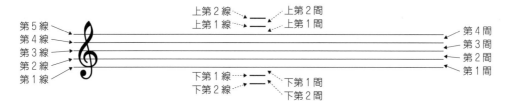

（2）オクターヴ記号

　オクターヴ記号の語源はラテン語の"octavus"で，"8番目"という意味がある。つまり完全8度音程の関係にあるということである。完全8度音程とは，次のような関係をいう。

　オクターヴ記号は「8 va」あるいは「8」と略記されることが多い。実際の楽譜でオクターヴの意味を確認する。バイエル62番の2小節目の右手と，10小節目の右手をみてみよう。

2小節目は上第2線のド，10小節目は第3間のドで記譜されているが，10小節目にはオクターヴ記号がつけられているため，完全8度音程上の音を演奏することになり，実際には上第2線のドを演奏することになる。つまり，2小節目と10小節目は同じ高さの音（同じ鍵盤の音）である。

(3) 音部記号と譜表

広い音域を記譜するために，たくさんの種類の音部記号があるが，ここでは小学校音楽科でよく使われるト音記号とヘ音記号のみを示す。ト音記号を用いた楽譜を高音部譜表，ヘ音記号を用いた楽譜を低音部譜表といい，高音部譜表と低音部譜表を結んだ譜表を大譜表という。

(4) 音　名

音名には幹音名と派生音名がある。幹音とはドレミファソラシの7音を指し，これに♯や♭をつけた音のことを派生音という。伊，日，米の幹音名を示す。

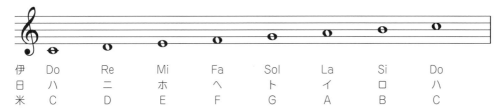

音名には高さを表す方法がある。日本音名の場合，次のように表記される。

（5）記号の名称

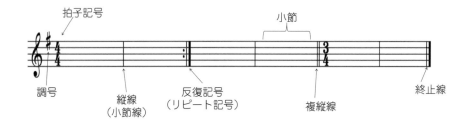

拍子記号で示された拍子ごとに区切るために五線に書かれる直角の線を縦線という。縦線と縦線のあいだを小節という。縦線にはいくつかの種類がある。

　複縦線…曲の途中で拍子記号や調号が変化する場合は，縦線を2本書くことで変わり
　　　　　目を示す。

　終止線…曲の終わりを示す。

　反復記号…先に出てきた記号までの間を反復することを示す。

2　音符と休符

（1）単純音符，単純休符の種類

音符や休符の名称は，全音符を1とした場合の相対的な比率をもって示される。たとえば，全音符を1として，二分割した長さをもつ音符のことを2分音符という。

音符	音符の名称	相対的な比率	休符	休符の名称
𝅝	全音符	1	𝄻	全休符
𝅗𝅥	2分音符	1/2	𝄼	2分休符
𝅘𝅥	4分音符	1/4	𝄽	4分休符
𝅘𝅥𝅮	8分音符	1/8	𝄾	8分休符
𝅘𝅥𝅯	16分音符	1/16	𝄿	16分休符

音符の長さを次の図のように捉えることができる。

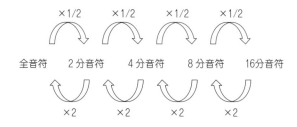

（2）付点音符，付点休符の種類

単純音符，単純休符の右隣りに点をつけたものを，付点音符，付点休符という。付点○分音符は，○分音符とその半分の長さの音符とを合わせた長さをもつ。
（例）付点4分音符＝4分音符＋8分音符

音符	音符の名称	長さの考え方	休符	休符の名称
𝅝．	付点全音符	𝅝 ＋ ♩	▬．	付点全休符
𝅗𝅥．	付点2分音符	𝅗𝅥 ＋ ♩	▬．	付点2分休符
♩．	付点4分音符	♩ ＋ ♪	𝄽．	付点4分休符
♪．	付点8分音符	♪ ＋ ♬	𝄾．	付点8分休符
♬．	付点16分音符	♬ ＋ ♬	𝄿．	付点16分休符

（3）複付点音符，複付点休符の種類

単純音符，単純休符の右隣りに2つの点がついているものを，複付点音符，複付点休符という。第4学年の共通教材「とんび」の第3フレーズに出てくる音符なので，理解しておきたい。複付点4分音符＝4分音符＋8分音符＋16分音符　となる。

〈共通教材　とんび〉

ピン　ヨロー　ピン　ヨロー　ピン　ヨロー　ピン　ヨロー

（4）拍　子

〔共通事項〕に示された「拍」とは，一定の間隔の刻みのことをいう。拍子記号は算数のように分数で示されているが，算数のそれとはまったく意味を異にする。分母は「何音符を1拍とするか」を示し，分子は「その曲が何拍子か」を示している。つまり，3/4の場合，4分音符を1拍とした3拍子の曲ということを示しており，6/8の場合，8分音符を1拍とした6拍子の曲ということを示している。4分の4拍子，または8分の6拍子の時の音符の長さは次に示す通りである。

次にリズム譜で拍子を考えてみよう。

・4分の4拍子の場合，4分音符を1拍として，1小節に4拍分となる。

8分音符は次のようにつなげて記譜される場合が多い。

・4分の3拍子の場合，4分音符を1拍として，1小節に3拍分となる。

・8分の6拍子の場合，8分音符を1拍として，1小節に6拍分となる。

3 音　階

(1) 半音と全音

半音とは鍵盤上では隣りの音との関係をいい，全音とは半音2つ分のことをいう。♯は半音上げる，♭は半音下げるという意味である。

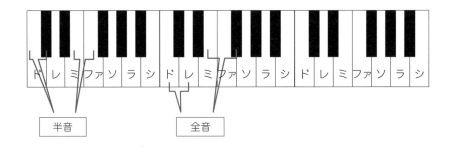

(2) 長音階

ある音を始まりとし，1オクターヴ上の同音名の音まで，ある決まりに従って配列された音の並びのことを音階という。長音階は，全音，全音，半音，全音，全音，全音，半音という決まりに従って配列される。このように並べて幹音だけで成り立つのは，ドを起点

とした場合となる。この起点とする音を主音という。

次にソを起点とした場合を考えてみよう。ソを起点として幹音だけを並べた場合，次のようになる。

この状態から，長音階の配列に当てはまるようにするために，♯や♭をつけてみると次のようになる。

このようにしてつけられた♯や♭を，音部記号のすぐ右に表したものが調号である。

(3) 短音階

短音階は，全音，半音，全音，全音，半音，全音，全音と配列され，このように並べて幹音だけで成り立つのはラを起点とした場合となる。

(4) 調　号

音階の始まりの音（起点とする音）のことを主音という。次に調号とその主音を示す。

〈長　調〉

ハ長調　ト長調　ニ長調　イ長調　ホ長調　ロ長調　嬰ヘ長調　嬰ハ長調

ヘ長調　変ロ長調　変ホ長調　変イ長調　変ニ長調　変ト長調　変ハ長調

〈短　調〉

イ短調　ホ短調　ロ短調　嬰ヘ短調　嬰ハ短調　嬰ト短調　嬰ニ短調　嬰イ短調

ニ短調　ト短調　ハ短調　ヘ短調　変ロ短調　変ホ短調　変イ短調

4　移動ド唱法

　移動ド唱法とは，いわゆる階名唱のことである。学校現場では，「階名で歌いましょう」といいながらも，階名ではなく伊音名で歌っていることが多い。階名とは，音階の主音を

ドとし，すべての調をドレミファソラシドに読み変えたものである。たとえばヘ長調の場合，主音はヘであり，階名は次のようになる。

第6学年の共通教材「ふるさと」の第1フレーズを階名で歌うと次のようになる。

5 音　程

(1) 度　数

　度数とは，2つの音が幹音いくつ分にわたっているかを示すものである。下の例にあるように，ドとファの2つの音は幹音4つにわたっているため，4度という。

度数の数え方は♯や♭がついても変わらない。次に示す音の度数は全て3度である。

(2) 音程の種類

　度数の数え方は♯や♭がついても変わらないが，それらを区別するために，完全，長，短，増，減などの言葉をつけ，長3度などのようにいう。

完全系の度数と長短系の度数とに分けられ，1・4・5・8度は完全系，2・3・6・7度は長短系である。前項で挙げた1度から8度までの度数に，「完全」や「長」の言葉をつけて示すと次のようになる。

完全1度　長2度　長3度　完全4度　完全5度　長6度　長7度　完全8度

「完全」音程より半音広い場合を「増」といい，半音狭い場合を「減」という。

「長」音程より半音広い場合を「増」，半音狭い場合を「短」，全音狭い場合を「減」という。

3度について，詳しくみよう。ドとミの音程を長3度ということは先に述べたとおりだが，その鍵盤の数をみてみると，白鍵と黒鍵合わせて5つの音がある。ミとソの音程も3度だが，鍵盤の数をみてみると白鍵と黒鍵合わせて4つの音で，ドとミの音程より半音狭いことがわかる。よって，ミとソの音程は短3度という。

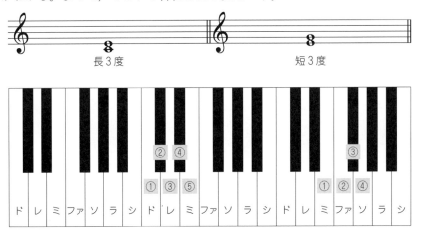

6　三和音

(1) 和音の種類

和音とは，高さの異なる2つ以上の音を同時に演奏する音をいい，三和音とは，3度音程に積み重ねた和音のことをいう。先に述べたとおり，3度音程には長3度，短3度などの種類があり，どの3度で積み重ねられたかによって，和音の種類が区別される。三和音には次の種類がある。

長三和音…ある音に長3度，短3度と積み重ねた和音
短三和音…ある音に短3度，長3度と積み重ねた和音
減三和音…ある音に短3度，短3度と積み重ねた和音
増三和音…ある音に長3度，長3度と積み重ねた和音

（2）音階の音の上に作る三和音

音階の音の上に3度で積み重ねた三和音をそれぞれⅠの和音，Ⅱの和音……といい，Ⅰの和音のことを「主和音」，Ⅳの和音のことを「下属和音」，Ⅴの和音のことを「属和音」という。Ⅰ，Ⅳ，Ⅴの3つの和音は，曲の中で重要な役割を担うため，主要三和音という。

三和音にさらに3度上の音を積み重ねた和音を七の和音といい，音階の音の上に積み重ねた七の和音をそれぞれⅠの七の和音，Ⅱの七の和音……という。さらに，特に調性を決定づける働きが強いⅤ₇の和音を「属七の和音」という。

（3）基本形と転回形

和音は3度で積み重なっているものを基本形といい，和音の構成音は同じだが高さを変えて組んだものを転回形という。基本形，転回形は，次のような和音記号で示す。

7 コード記号

(1) コード記号とは

　簡易伴奏譜には，コード記号が付されていることが多い。譜例16-1や譜例16-2にあるC，G，F，G_7といった記号をコード記号という。譜例16-1は単旋律楽譜で，コード記号を用いて自分で伴奏付をして演奏する。譜例16-2は，左手で演奏する音が示されていて，なおかつコード記号も示されており，どちらを用いて演奏しても良い。

譜例16-1

譜例16-2

(2) コード記号の種類

　コード記号の種類はたくさんあるが，ここでは3つのコード記号について述べる。前節で述べた和音をコード記号に置き換えて考えてみよう。長三和音はメジャーコード，短三和音はマイナーコード，属七の和音はセブンスコードといい，それぞれ次のように表す。

(3) コード記号を用いた伴奏付

　コード記号のCやGは，一番下の音（根音）を示している。第1節で述べた米音名を

156

第16章 音楽理論

思い出してみよう。

〈考え方〉

コード記号がCの場合，根音をドとし長三和音を組む。

コード記号がGの場合，根音をソとし長三和音を組む。

コード記号がC$_m$の場合，根音をドとし短三和音を組む。

コード記号がG$_m$の場合，根音をソとし短三和音を組む。

譜例16-1の「虫のこえ」のコード記号をみてみよう。使用するコード記号はC，F，G，G$_7$の4種類で，Cはハ長調の主和音，Fは下属和音，Gは属和音，G$_7$は属七の和音となっている。根音を確認して長三和音や属七の和音を組んでいくと，譜例16-3のようになる。しかし，実際に演奏してみるとわかるが，大変弾きにくい。

譜例16-3

そこで，転回形を使って，より弾きやすく，考えていくことが求められる。主和音を基本形とし，その他の和音は弾きやすい手の動きを考えて転回形を使ってみると，譜例16-4のように伴奏付することができる。

譜例16-4

コード記号の一覧表を示しておくので，コード記号による弾き歌いをする際に役立ててもらいたい。

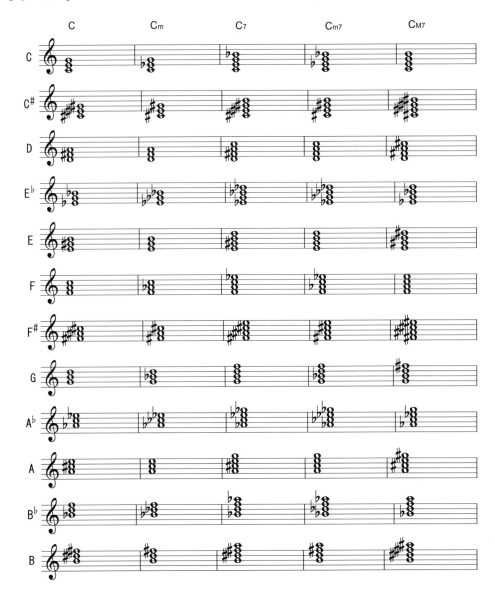

8 移 調

　移調とは，ある曲をそのまま違う高さに移すことをいう。カラオケボックスで，自分の声域に合わせて高さを調節する機能があるが，まさにそれを移調という。
　移調をするためには，まず移調しようとしている曲が何調かを調べる。第6学年の共通教材「ふるさと」を移調する方法を考えてみよう。

〈共通教材「ふるさと」〉

　調号からヘ長調かニ短調と判断することができ，さらに曲調からヘ長調と調判定することができる。この曲の音の高さを1つ上げることを考えたいが，音を1つ上げることを"2度上げる"という。（ドとレの音程を2度という。）

　曲全体の音を1つ上げるということは，曲の始まりの音がファからソに長2度上がるということになり，譜例16-5のように移調することができる。

譜例16-5

　ヘ長調の曲を長2度上げたら，当然，調号も長2度上げなければならないので，ト長調となる。調号を整えて記譜したものが譜例16-6である。

譜例16-6

9 音楽用語

(1) 速度を示す記号

　曲の速さを示す方法として，♩=80のように数字で表す方法がある。これは，1分間に4分音符を80回打つ速さという意味があり，♩=60の時は秒針と同じ速さということになる。その他，Lento（緩やかに），Andante（ゆっくり歩くような速さで），Moderato（中ぐらいの速さで），Allegretto（やや速く），Allegro（速く），Presto（急速に）などの言葉で表す方法があり，これらはメトロノームに示されているので，メトロノームで速さを確認すると良い。

(2) 強さを示す記号

　良く使われる強さに関する記号を順番に示すと次のようになる。

pp（とても弱く）p（弱く）mp（やや弱く）mf（やや強く）f（強く）ff（とても強く）

小 ────────────────────────────────→ 大

（3）速さや強さを途中で変化させる記号

　曲の途中で速さや強さを変化させる場合には，次のような記号で示す。

　　　　accelerando（略して accel.）　　だんだん速く
　　　　ritardando（略して rit.）　　　　だんだんゆっくり
　　　　rallentando（略して rall.）　　　だんだんゆっくり
　　　　crescendo（略して cresc.）　　　だんだん強く
　　　　decrescendo（略して decresc.）　だんだん弱く
　　　　dim. e rit.　　　　　　　　　　だんだん弱めながらゆっくり
　　　　a tempo　　　　　　　　　　　もとの速さで
　　　　Tempo Ⅰ　　　　　　　　　　最初の速さで

（4）奏法に関する記号

　①　スラー（高さの違う2つ以上の音をなめらかに演奏する）
　②　タイ（同じ高さの音を結ぶ。2つめの音を鳴らさず，長さを合わせて演奏する）
　③　アクセント（特に強調して演奏する）
　④　スタッカート（短く切って演奏する）
　⑤　スタッカーティッシモ（④のスタッカートと比べると，より短く鋭く演奏する）
　⑥　テヌート（その音の長さを充分に保って，短くならないように演奏する）
　⑦　フェルマータ（たっぷりとのばして，約2～3倍の長さで演奏する）

（5）曲想に関する記号

　　　　agitato　　　　激しく，せきこんで
　　　　cantabile　　　歌うように
　　　　comodo　　　　気楽に
　　　　dolce　　　　　甘くやわらかに
　　　　espressivo　　 表情豊かに
　　　　legato　　　　 なめらかに
　　　　leggiero　　　 軽く
　　　　marcato　　　　はっきりと

第16章 音楽理論

（6）省略記号

リピート記号やD.S.（ダル・セーニョ），D.C.（ダ・カーポ）などの記号によって，どのように反復するのかを示す。

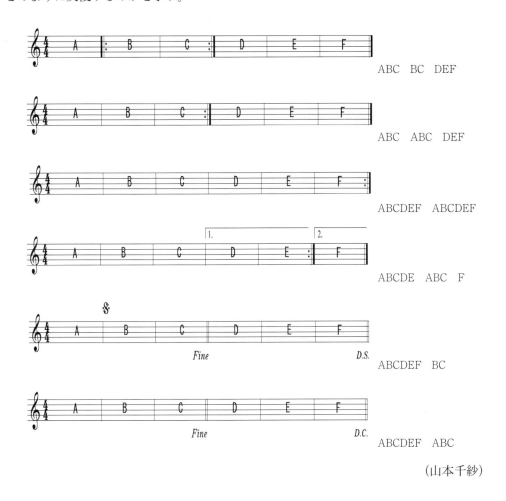

（山本千紗）

第 17 章

共通教材と伴奏譜

	簡易伴奏		通常伴奏
1	うみ	26	うみ
2	かたつむり	27	かたつむり
3	日のまる	28	日のまる
4	ひらいたひらいた	29	ひらいたひらいた
5	かくれんぼ	30	かくれんぼ
6	春がきた	31	春がきた
7	虫のこえ	32	虫のこえ
8	夕やけこやけ	33	夕やけこやけ
9	うさぎ	34	うさぎ
10	茶つみ	35	茶つみ
11	春の小川	36	春の小川
12	ふじ山	37	ふじ山
13	さくらさくら	38	さくらさくら
14	とんび	39	とんび
15	まきばの朝	40	まきばの朝
16	もみじ	41	もみじ
17	こいのぼり	42	こいのぼり
18	スキーの歌	43	スキーの歌
19	冬げしき	44	冬げしき
20	子もり歌 1	45	子もり歌 1
21	子もり歌 2	46	子もり歌 2
22	越天楽今様	47	越天楽今様
23	おぼろ月夜	48	おぼろ月夜
24	ふるさと	49	ふるさと
25	われは海の子	50	われは海の子
		51	君が代

第17章 共通教材と伴奏譜

1 うみ

第1学年　共通教材　[簡易伴奏]

文部省唱歌　　林　柳波／作詞　井上武士／作曲　菅　裕／編曲

2 かたつむり

第1学年　共通教材　[簡易伴奏]

文部省唱歌　　菅　裕／編曲

163

第1学年　共通教材　［簡易伴奏］

3 日のまる

文部省唱歌　　高野辰之／作詞　岡野貞一／作曲　菅　　裕／編曲

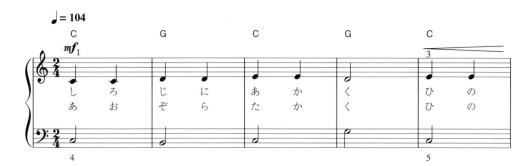

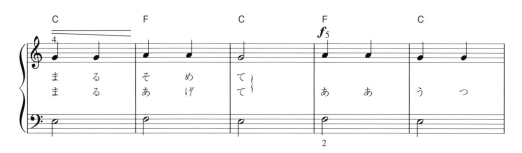

第17章 共通教材と伴奏譜

第1学年 共通教材 ［簡易伴奏］

4 ひらいたひらいた

わらべうた　菅　裕／編曲

165

5 かくれんぼ

第2学年　共通教材　[簡易伴奏]

文部省唱歌　　林 柳波／作詞　　下総皖一／作曲　　菅　裕／編曲

第17章 共通教材と伴奏譜

第2学年 共通教材 ［簡易伴奏］
6 春がきた

文部省唱歌　　高野辰之／作詞　岡野貞一／作曲　菅　裕／編曲

第 2 学年　共通教材　［簡易伴奏］

7 虫のこえ

文部省唱歌　菅　裕／編曲

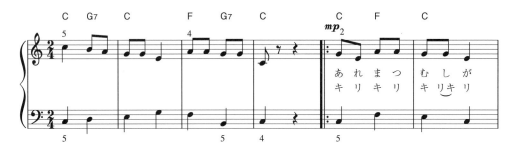

第17章　共通教材と伴奏譜

8 夕やけこやけ

第2学年　共通教材　[簡易伴奏]

中村雨紅／作詞　草川信作／作曲　菅　裕／編曲

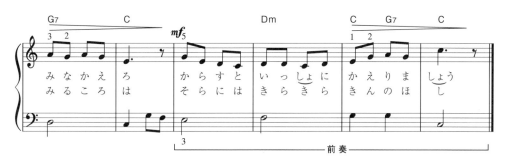

9 うさぎ

第3学年 共通教材 ［簡易伴奏］

日本古謡　菅　裕／編曲

第17章 共通教材と伴奏譜

第3学年 共通教材 ［簡易伴奏］
10 茶つみ
文部省唱歌　菅　裕／編曲

第3学年 共通教材 ［簡易伴奏］

11 春の小川

文部省唱歌　　高野辰之／作詞　岡野貞一／作曲　菅　裕／編曲

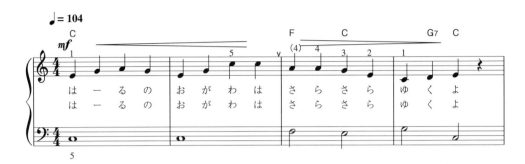

12 ふじ山

第3学年 共通教材 ［簡易伴奏］

文部省唱歌　厳谷小波／作詞　菅　裕／編曲

13 さくらさくら

第4学年 共通教材 ［簡易伴奏］

日本古謡　菅　裕／編曲

第17章　共通教材と伴奏譜

第4学年　共通教材　[簡易伴奏]

14 とんび

葛原しげる／作詞　梁田　貞／作曲　菅　裕／編曲

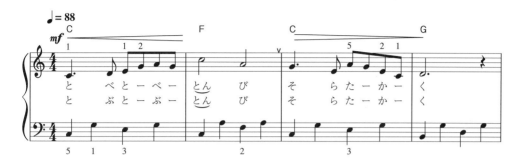

前奏

第17章 共通教材と伴奏譜

第4学年　共通教材　［簡易伴奏］

16 もみじ

文部省唱歌　　高野辰之／作詞　岡野貞一／作曲　菅　裕／編曲

第 17 章　共通教材と伴奏譜

第 5 学年　共通教材　[簡易伴奏]

18 スキーの歌

文部省唱歌　林　柳波／作詞　橋本国彦／作曲　菅　裕／編曲

♩= 120

かがやくひのかー
とぶとぶおおぞー
やまこえおかこー

げ　ーはゆー　る　ーのやー　ま
ら　ーはしー　る　ーだいー　まちん
え　ーくだー　る　ーしゃめー　ちん

かがやくひのかー
とぶとぶおおぞー
やまこえおかこー

げ　ーはゆー　る　ーのやー　まち　ふい　もとをめ
ら　ーはしー　る　ーだいー　まちん　いった　ぱくかげ
え　ーくだー　る　ーしゃめー　ちん　た　ちまちさ

がけて　ス　夕　ート　き　れーば　こゆきはまいたー
なーきき　てん　チち　ーのう　ちーを　ストックかざしー
えぎる　たに　をー　ーば　め　がーけ　おどればさなが

ち　ーかぜー　は　ーさけー　ぶかぜは　さけ　ぶ
てら　ーわれー　は　ーかけー　るわれは　けこ　るち
ら　ーひちょう　の　ーここー　ちひちょうの　さかこ　ち

19 冬げしき

第5学年 共通教材 ［簡易伴奏］
文部省唱歌　菅　裕／編曲

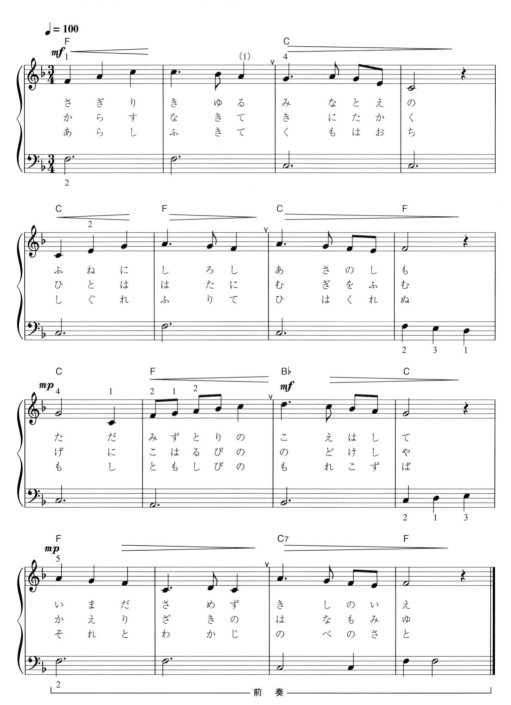

第17章 共通教材と伴奏譜

20 子もり歌1

第5学年 共通教材 ［簡易伴奏］

日本古謡　菅　裕／編曲

21 子もり歌2

第5学年 共通教材 ［簡易伴奏］

日本古謡　菅　裕／編曲

181

第17章 共通教材と伴奏譜

第6学年 共通教材 ［簡易伴奏］
23 おぼろ月夜
文部省唱歌　高野辰之／作詞　岡野貞一／作曲　菅　裕／編曲

24 ふるさと

第6学年 共通教材 ［簡易伴奏］

文部省唱歌　高野辰之／作詞　岡野貞一／作曲　菅　裕／編曲

第17章　共通教材と伴奏譜

第6学年　共通教材　［簡易伴奏］
25 われは海の子
文部省唱歌　菅　裕／編曲

付記：指づかい（運指）・コードネームについて

今回，これらの簡易伴奏に指番号を付けるにあたり，

- ・指かえ・手の移動がなるべく少なくなるように
- ・重要な音に比較的強い指をあてたり，音外しのリスクが低くなるような運指を選んだりして，自信をもって弾けるように
- ・音楽的にもできるかぎり自然になるように

考慮した。

ただ，運指には唯一の正解があるわけではなく，弾く人の手の形・大きさ，また，上記のどれを優先するかによっても，ベストなパターンは変わってくる。特に好みの分かれそうな運指には（ ）をつけて示したが，（ ）つきの運指のある箇所のほかにも，「なんとなく弾きにくいな」と思う箇所では，各自，弾きやすい運指を検討してみてほしい。

コードネームを見て伴奏づけする場合にも，同じようなことがいえる。コードチェンジが比較的忙しい部分では，特に省略してもよいコード（直前のコードのままでよい箇所）には（ ）をつけて示した。

鍵盤楽器に慣れ親しんでいる人も，そうでない人も，子どもたちの様子に目を向けながら弾ける，そして音楽としてもより魅力的に弾ける運指やコードを探究してみよう。この過程が，教師自身の教材への理解にもつながることだろう。

（簡易伴奏運指校閲：大澤智恵）

第17章 共通教材と伴奏譜

26 うみ

第1学年 共通教材

文部省唱歌　　林　柳波／作詞　井上武士／作曲

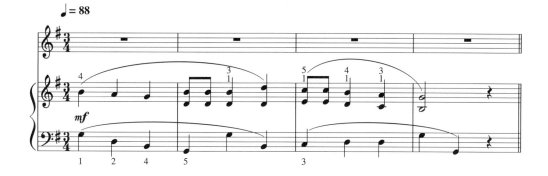

187

27 かたつむり

第1学年 共通教材
文部省唱歌

第17章 共通教材と伴奏譜

第1学年 共通教材

28 日のまる

文部省唱歌　高野辰之／作詞　岡野貞一／作曲

29 ひらいたひらいた

第1学年　共通教材

わらべうた　菅　裕／編曲

第17章 共通教材と伴奏譜

30 かくれんぼ

第2学年 共通教材

文部省唱歌　　林　柳波／作詞　下総皖一／作曲

第17章 共通教材と伴奏譜

32 虫のこえ

第2学年 共通教材
文部省唱歌

33 夕やけこやけ

第2学年 共通教材

中村雨紅／作詞　草川　信／作曲

第17章 共通教材と伴奏譜

34 うさぎ

第3学年 共通教材

日本古謡　菅　裕／編曲

第3学年 共通教材
37 ふじ山
文部省唱歌　巌谷小波／作詞

38 さくらさくら

第4学年　共通教材

日本古謡　菅　裕／編曲

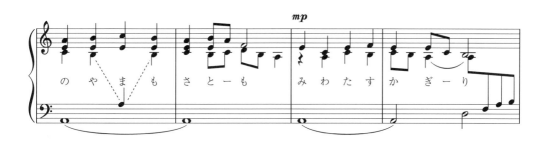
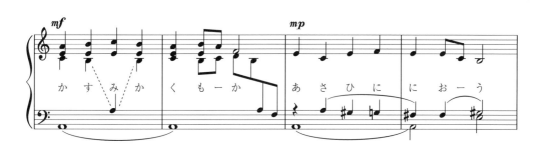

第17章 共通教材と伴奏譜

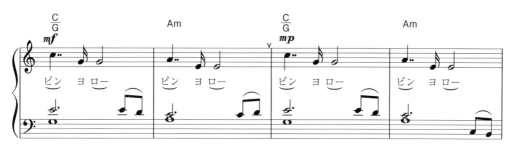

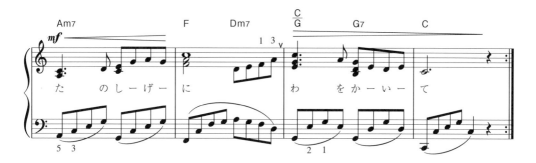

41 もみじ

第4学年 共通教材
文部省唱歌　高野辰之／作詞　岡野貞一／作曲

第17章　共通教材と伴奏譜

42 こいのぼり
第5学年　共通教材
文部省唱歌

205

43 スキーの歌

第5学年 共通教材

文部省唱歌　林　柳波／作詞　橋本国彦／作曲　菅　裕／編曲

第17章 共通教材と伴奏譜

第 17 章 共通教材と伴奏譜

45 子もり歌1

第5学年 共通教材
日本古謡 菅　裕／編曲

46 子もり歌2

第5学年 共通教材
日本古謡 菅　裕／編曲

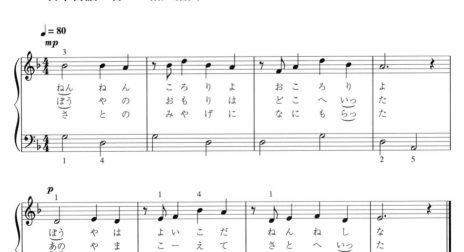

第17章 共通教材と伴奏譜

47 越天楽今様

第6学年 共通教材

日本古謡　慈鎮和尚／作歌　下総皖一／編曲

48 おぼろ月夜

第6学年 共通教材
文部省唱歌　高野辰之／作詞　岡野貞一／作曲

第17章 共通教材と伴奏譜

49 ふるさと

第6学年　共通教材

文部省唱歌　　高野辰之／作詞　岡野貞一／作曲

第6学年　共通教材
50 われは海の子
文部省唱歌

第 17 章 共通教材と伴奏譜

51 君が代

古歌　林 広守／作曲

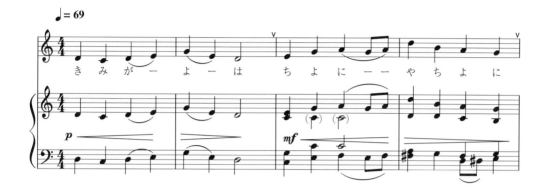

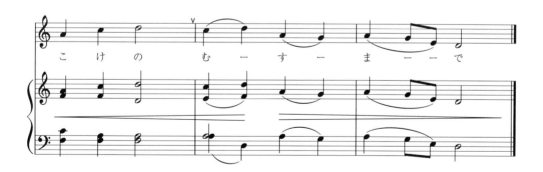

資料　小学校学習指導要領（平成29年3月）（抄）

第6節　音　楽

第1　目　標

　表現及び鑑賞の活動を通して，音楽的な見方・考え方を働かせ，生活や社会の中の音や音楽と豊かに関わる資質・能力を次のとおり育成することを目指す。

(1)　曲想と音楽の構造などとの関わりについて理解するとともに，表したい音楽表現をするために必要な技能を身に付けるようにする。

(2)　音楽表現を工夫することや，音楽を味わって聴くことができるようにする。

(3)　音楽活動の楽しさを体験することを通して，音楽を愛好する心情と音楽に対する感性を育むとともに，音楽に親しむ態度を養い，豊かな情操を培う。

第2　各学年の目標及び内容

〔第1学年及び第2学年〕

1　目　標

(1)　曲想と音楽の構造などとの関わりについて気付くとともに，音楽表現を楽しむために必要な歌唱，器楽，音楽づくりの技能を身に付けるようにする。

(2)　音楽表現を考えて表現に対する思いをもつことや，曲や演奏の楽しさを見いだしながら音楽を味わって聴くことができるようにする。

(3)　楽しく音楽に関わり，協働して音楽活動をする楽しさを感じながら，身の回りの様々な音楽に親しむとともに，音楽経験を生かして生活を明るく潤いのあるものにしようとする態度を養う。

2　内　容

A　表　現

(1)　歌唱の活動を通して，次の事項を身に付けることができるよう指導する。

　ア　歌唱表現についての知識や技能を得たり生かしたりしながら，曲想を感じ取って表現を工夫し，どのように歌うかについて思いをもつこと。

　イ　曲想と音楽の構造との関わり，曲想と歌詞の表す情景や気持ちとの関わりについて気付くこと。

　ウ　思いに合った表現をするために必要な次の(ｱ)から(ｳ)までの技能を身に付けること。

　　(ｱ)　範唱を聴いて歌ったり，階名で模唱したり暗唱したりする技能

　　(ｲ)　自分の歌声及び発音に気を付けて歌う技能

　　(ｳ)　互いの歌声や伴奏を聴いて，声を合わせて歌う技能

(2)　器楽の活動を通して，次の事項を身に付けることができるよう指導する。

　ア　器楽表現についての知識や技能を得たり生かしたりしながら，曲想を感じ取って表現を工夫し，どのように演奏するかについて思いをもつこと。

　イ　次の(ｱ)及び(ｲ)について気付くこと。

　　(ｱ)　曲想と音楽の構造との関わり

217

資料　小学校学習指導要領（平成29年3月）（抄）

　　　⑷　楽器の音色と演奏の仕方との関わり

　　ウ　思いに合った表現をするために必要な次の㋐から㋒までの技能を身に付けること。

　　　㋐　範奏を聴いたり，リズム譜などを見たりして演奏する技能

　　　㋑　音色に気を付けて，旋律楽器及び打楽器を演奏する技能

　　　㋒　互いの楽器の音や伴奏を聴いて，音を合わせて演奏する技能

⑶　音楽づくりの活動を通して，次の事項を身に付けることができるよう指導する。

　　ア　音楽づくりについての知識や技能を得たり生かしたりしながら，次の㋐及び㋑をできるよう
　　　にすること。

　　　㋐　音遊びを通して，音楽づくりの発想を得ること。

　　　㋑　どのように音を音楽にしていくかについて思いをもつこと。

　　イ　次の㋐及び㋑について，それらが生み出す面白さなどと関わらせて気付くこと。

　　　㋐　声や身の回りの様々な音の特徴

　　　㋑　音やフレーズのつなげ方の特徴

　　ウ　発想を生かした表現や，思いに合った表現をするために必要な次の㋐及び㋑の技能を身に付
　　　けること。

　　　㋐　設定した条件に基づいて，即興的に音を選んだりつなげたりして表現する技能

　　　㋑　音楽の仕組みを用いて，簡単な音楽をつくる技能

B　鑑賞

⑴　鑑賞の活動を通して，次の事項を身に付けることができるよう指導する。

　　ア　鑑賞についての知識を得たり生かしたりしながら，曲や演奏の楽しさを見いだし，曲全体を
　　　味わって聴くこと。

　　イ　曲想と音楽の構造との関わりについて気付くこと。

〔共通事項〕

⑴　「A表現」及び「B鑑賞」の指導を通して，次の事項を身に付けることができるよう指導する。

　　ア　音楽を形づくっている要素を聴き取り，それらの働きが生み出すよさや面白さ，美しさを感
　　　じ取りながら，聴き取ったことと感じ取ったこととの関わりについて考えること。

　　イ　音楽を形づくっている要素及びそれらに関わる身近な音符，休符，記号や用語について，音
　　　楽における働きと関わらせて理解すること。

　3　内容の取扱い

⑴　歌唱教材は次に示すものを取り扱う。

　　ア　主となる歌唱教材については，各学年ともイの共通教材を含めて，斉唱及び輪唱で歌う曲

　　イ　共通教材

〔第1学年〕

「うみ」（文部省唱歌）林柳波（はやしりゅうは）作詞　井上武士（いのうえたけし）作曲

「かたつむり」（文部省唱歌）

「日のまる」（文部省唱歌）高野辰之（たかのたつゆき）作詞　岡野貞一（おかのていいち）作曲

「ひらいたひらいた」（わらべうた）

〔第2学年〕

資料　小学校学習指導要領（平成29年3月）（抄）

「かくれんぼ」（文部省唱歌）林柳波（はやしりゅうは）作詞　下総皖一（しもふさかんいち）作曲

「春がきた」（文部省唱歌）高野辰之（たかのたつゆき）作詞　岡野貞一（おかのていいち）作曲

「虫のこえ」（文部省唱歌）

「夕やけこやけ」中村雨紅（なかむらうこう）作詞　草川信（くさかわしん）作曲

⑵　主となる器楽教材については，既習の歌唱教材を含め，主旋律に簡単なリズム伴奏や低声部などを加えた曲を取り扱う。

⑶　鑑賞教材は次に示すものを取り扱う。

　ア　我が国及び諸外国のわらべうたや遊びうた，行進曲や踊りの音楽など体を動かすことの快さを感じ取りやすい音楽，日常の生活に関連して情景を思い浮かべやすい音楽など，いろいろな種類の曲

　イ　音楽を形づくっている要素の働きを感じ取りやすく，親しみやすい曲

　ウ　楽器の音色や人の声の特徴を捉えやすく親しみやすい，いろいろな演奏形態による曲

〔第3学年及び第4学年〕

1　目　標

⑴　曲想と音楽の構造などとの関わりについて気付くとともに，表したい音楽表現をするために必要な歌唱，器楽，音楽づくりの技能を身に付けるようにする。

⑵　音楽表現を考えて表現に対する思いや意図をもつことや，曲や演奏のよさなどを見いだしながら音楽を味わって聴くことができるようにする。

⑶　進んで音楽に関わり，協働して音楽活動をする楽しさを感じながら，様々な音楽に親しむとともに，音楽経験を生かして生活を明るく潤いのあるものにしようとする態度を養う。

2　内　容

A　表　現

⑴　歌唱の活動を通して，次の事項を身に付けることができるよう指導する。

　ア　歌唱表現についての知識や技能を得たり生かしたりしながら，曲の特徴を捉えた表現を工夫し，どのように歌うかについて思いや意図をもつこと。

　イ　曲想と音楽の構造や歌詞の内容との関わりについて気付くこと。

　ウ　思いや意図に合った表現をするために必要な次の㋐から㋒までの技能を身に付けること。

　　㋐　範唱を聴いたり，ハ長調の楽譜を見たりして歌う技能

　　㋑　呼吸及び発音の仕方に気を付けて，自然で無理のない歌い方で歌う技能

　　㋒　互いの歌声や副次的な旋律，伴奏を聴いて，声を合わせて歌う技能

⑵　器楽の活動を通して，次の事項を身に付けることができるよう指導する。

　ア　器楽表現についての知識や技能を得たり生かしたりしながら，曲の特徴を捉えた表現を工夫し，どのように演奏するかについて思いや意図をもつこと。

　イ　次の㋐及び㋑について気付くこと。

　　㋐　曲想と音楽の構造との関わり

　　㋑　楽器の音色や響きと演奏の仕方との関わり

　ウ　思いや意図に合った表現をするために必要な次の㋐から㋒までの技能を身に付けること。

219

資料　小学校学習指導要領（平成29年3月）（抄）

　　　(ｱ)　範奏を聴いたり，ハ長調の楽譜を見たりして演奏する技能

　　　(ｲ)　音色や響きに気を付けて，旋律楽器及び打楽器を演奏する技能

　　　(ｳ)　互いの楽器の音や副次的な旋律，伴奏を聴いて，音を合わせて演奏する技能

　(3)　音楽づくりの活動を通して，次の事項を身に付けることができるよう指導する。

　　ア　音楽づくりについての知識や技能を得たり生かしたりしながら，次の(ｱ)及び(ｲ)をできるよう
　　　　にすること。

　　　(ｱ)　即興的に表現することを通して，音楽づくりの発想を得ること。

　　　(ｲ)　音を音楽へと構成することを通して，どのようにまとまりを意識した音楽をつくるかにつ
　　　　いて思いや意図をもつこと。

　　イ　次の(ｱ)及び(ｲ)について，それらが生み出すよさや面白さなどと関わらせて気付くこと。

　　　(ｱ)　いろいろな音の響きやそれらの組合せの特徴

　　　(ｲ)　音やフレーズのつなげ方や重ね方の特徴

　　ウ　発想を生かした表現や，思いや意図に合った表現をするために必要な次の(ｱ)及び(ｲ)の技能を
　　　　身に付けること。

　　　(ｱ)　設定した条件に基づいて，即興的に音を選択したり組み合わせたりして表現する技能

　　　(ｲ)　音楽の仕組みを用いて，音楽をつくる技能

Ｂ　鑑　賞

(1)　鑑賞の活動を通して，次の事項を身に付けることができるよう指導する。

　　ア　鑑賞についての知識を得たり生かしたりしながら，曲や演奏のよさなどを見いだし，曲全体
　　　　を味わって聴くこと。

　　イ　曲想及びその変化と，音楽の構造との関わりについて気付くこと。

〔共通事項〕

(1)　「Ａ表現」及び「Ｂ鑑賞」の指導を通して，次の事項を身に付けることができるよう指導する。

　　ア　音楽を形づくっている要素を聴き取り，それらの働きが生み出すよさや面白さ，美しさを感
　　　　じ取りながら，聴き取ったことと感じ取ったこととの関わりについて考えること。

　　イ　音楽を形づくっている要素及びそれらに関わる音符，休符，記号や用語について，音楽にお
　　　　ける働きと関わらせて理解すること。

　3　内容の取扱い

(1)　歌唱教材は次に示すものを取り扱う。

　　ア　主となる歌唱教材については，各学年ともイの共通教材を含めて，斉唱及び簡単な合唱で歌
　　　　う曲

　　イ　共通教材

〔第3学年〕

「うさぎ」（日本古謡）

「茶つみ」（文部省唱歌）

「春の小川」（文部省唱歌）高野辰之（たかのたつゆき）作詞　岡野貞一（おかのていいち）作曲

「ふじ山」（文部省唱歌）巌谷小波作詞

〔第4学年〕

資料　小学校学習指導要領（平成29年3月）（抄）

「さくらさくら」（日本古謡）

「とんび」葛原（くずはら）しげる作詞　梁田貞（やなだただし）作曲

「まきばの朝」（文部省唱歌）船橋栄吉（ふなばしえいきち）作曲

「もみじ」（文部省唱歌）高野辰之（たかのたつゆき）作詞　岡野貞一（おかのていいち）作曲

(2)　主となる器楽教材については，既習の歌唱教材を含め，簡単な重奏や合奏などの曲を取り扱う。

(3)　鑑賞教材は次に示すものを取り扱う。

　　ア　和楽器の音楽を含めた我が国の音楽，郷土の音楽，諸外国に伝わる民謡など生活との関わり
　　　を捉えやすい音楽，劇の音楽，人々に長く親しまれている音楽など，いろいろな種類の曲

　　イ　音楽を形づくっている要素の働きを感じ取りやすく，聴く楽しさを得やすい曲

　　ウ　楽器や人の声による演奏表現の違いを聴き取りやすい，独奏，重奏，独唱，重唱を含めたい
　　　ろいろな演奏形態による曲

〔第5学年及び第6学年〕

1　目　標

(1)　曲想と音楽の構造などとの関わりについて理解するとともに，表したい音楽表現をするために
　必要な歌唱，器楽，音楽づくりの技能を身に付けるようにする。

(2)　音楽表現を考えて表現に対する思いや意図をもつことや，曲や演奏のよさなどを見いだしなが
　ら音楽を味わって聴くことができるようにする。

(3)　主体的に音楽に関わり，協働して音楽活動をする楽しさを味わいながら，様々な音楽に親しむ
　とともに，音楽経験を生かして生活を明るく潤いのあるものにしようとする態度を養う。

2　内　容

A　表　現

(1)　歌唱の活動を通して，次の事項を身に付けることができるよう指導する。

　　ア　歌唱表現についての知識や技能を得たり生かしたりしながら，曲の特徴にふさわしい表現を
　　　工夫し，どのように歌うかについて思いや意図をもつこと。

　　イ　曲想と音楽の構造や歌詞の内容との関わりについて理解すること。

　　ウ　思いや意図に合った表現をするために必要な次の(ア)から(ウ)までの技能を身に付けること。

　　　(ア)　範唱を聴いたり，ハ長調及びイ短調の楽譜を見たりして歌う技能

　　　(イ)　呼吸及び発音の仕方に気を付けて，自然で無理のない，響きのある歌い方で歌う技能

　　　(ウ)　各声部の歌声や全体の響き，伴奏を聴いて，声を合わせて歌う技能

(2)　器楽の活動を通して，次の事項を身に付けることができるよう指導する。

　　ア　器楽表現についての知識や技能を得たり生かしたりしながら，曲の特徴にふさわしい表現を
　　　工夫し，どのように演奏するかについて思いや意図をもつこと。

　　イ　次の(ア)及び(イ)について理解すること。

　　　(ア)　曲想と音楽の構造との関わり

　　　(イ)　多様な楽器の音色や響きと演奏の仕方との関わり

　　ウ　思いや意図に合った表現をするために必要な次の(ア)から(ウ)までの技能を身に付けること。

　　　(ア)　範奏を聴いたり，ハ長調及びイ短調の楽譜を見たりして演奏する技能

　　　(イ)　音色や響きに気を付けて，旋律楽器及び打楽器を演奏する技能

221

資料　小学校学習指導要領（平成29年3月）（抄）

　　　㋑　各声部の楽器の音や全体の響き，伴奏を聴いて，音を合わせて演奏する技能
⑶　音楽づくりの活動を通して，次の事項を身に付けることができるよう指導する。
　　ア　音楽づくりについての知識や技能を得たり生かしたりしながら，次の㋐及び㋑をできるよう
　　　にすること。
　　　㋐　即興的に表現することを通して，音楽づくりの様々な発想を得ること。
　　　㋑　音を音楽へと構成することを通して，どのように全体のまとまりを意識した音楽をつくる
　　　　かについて思いや意図をもつこと。
　　イ　次の㋐及び㋑について，それらが生み出すよさや面白さなどと関わらせて理解すること。
　　　㋐　いろいろな音の響きやそれらの組合せの特徴
　　　㋑　音やフレーズのつなげ方や重ね方の特徴
　　ウ　発想を生かした表現や，思いや意図に合った表現をするために必要な次の㋐及び㋑の技能を
　　　身に付けること。
　　　㋐　設定した条件に基づいて，即興的に音を選択したり組み合わせたりして表現する技能
　　　㋑　音楽の仕組みを用いて，音楽をつくる技能
Ｂ　鑑　賞
⑴　鑑賞の活動を通して，次の事項を身に付けることができるよう指導する。
　　ア　鑑賞についての知識を得たり生かしたりしながら，曲や演奏のよさなどを見いだし，曲全体
　　　を味わって聴くこと。
　　イ　曲想及びその変化と，音楽の構造との関わりについて理解すること。
〔共通事項〕
⑴　「Ａ表現」及び「Ｂ鑑賞」の指導を通して，次の事項を身に付けることができるよう指導する。
　　ア　音楽を形づくっている要素を聴き取り，それらの働きが生み出すよさや面白さ，美しさを感
　　　じ取りながら，聴き取ったことと感じ取ったこととの関わりについて考えること。
　　イ　音楽を形づくっている要素及びそれらに関わる音符，休符，記号や用語について，音楽にお
　　　ける働きと関わらせて理解すること。
　3　内容の取扱い
⑴　歌唱教材は次に示すものを取り扱う。
　　ア　主となる歌唱教材については，各学年ともイの共通教材の中の3曲を含めて，斉唱及び合唱
　　　で歌う曲
　　イ　共通教材
〔第5学年〕
「こいのぼり」（文部省唱歌）
「子もり歌」（日本古謡）
「スキーの歌」（文部省唱歌）林柳波（はやしりゅうは）作詞　橋本国彦（はしもとくにひこ）作
曲
「冬げしき」（文部省唱歌）
〔第6学年〕
「越天楽今様（えてんらくいまよう）（歌詞は第2節まで）」（日本古謡）慈鎮（じちん）和尚作歌

222

資料　小学校学習指導要領（平成29年3月）（抄）

「おぼろ月夜」（文部省唱歌）高野辰之（たかのたつゆき）作詞　岡野貞一（おかのていいち）作曲

「ふるさと」（文部省唱歌）高野辰之（たかのたつゆき）作詞　岡野貞一（おかのていいち）作曲

「われは海の子（歌詞は第3節まで）」（文部省唱歌）

⑵　主となる器楽教材については，楽器の演奏効果を考慮し，簡単な重奏や合奏などの曲を取り扱う。

⑶　鑑賞教材は次に示すものを取り扱う。

　　ア　和楽器の音楽を含めた我が国の音楽や諸外国の音楽など文化との関わりを捉えやすい音楽，人々に長く親しまれている音楽など，いろいろな種類の曲

　　イ　音楽を形づくっている要素の働きを感じ取りやすく，聴く喜びを深めやすい曲

　　ウ　楽器の音や人の声が重なり合う響きを味わうことができる，合奏，合唱を含めたいろいろな演奏形態による曲

第3　指導計画の作成と内容の取扱い

1　指導計画の作成に当たっては，次の事項に配慮するものとする。

⑴　題材など内容や時間のまとまりを見通して，その中で育む資質・能力の育成に向けて，児童の主体的・対話的で深い学びの実現を図るようにすること。その際，音楽的な見方・考え方を働かせ，他者と協働しながら，音楽表現を生み出したり音楽を聴いてそのよさなどを見いだしたりするなど，思考，判断し，表現する一連の過程を大切にした学習の充実を図ること。

⑵　第2の各学年の内容の「A表現」の⑴，⑵及び⑶の指導については，ア，イ及びウの各事項を，「B鑑賞」の⑴の指導については，ア及びイの各事項を適切に関連させて指導すること。

⑶　第2の各学年の内容の〔共通事項〕は，表現及び鑑賞の学習において共通に必要となる資質・能力であり，「A表現」及び「B鑑賞」の指導と併せて，十分な指導が行われるよう工夫すること。

⑷　第2の各学年の内容の「A表現」の⑴，⑵及び⑶並びに「B鑑賞」の⑴の指導については，適宜，〔共通事項〕を要として各領域や分野の関連を図るようにすること。

⑸　国歌「君が代」は，いずれの学年においても歌えるよう指導すること。

⑹　低学年においては，第1章総則の第2の4の（1）を踏まえ，他教科等との関連を積極的に図り，指導の効果を高めるようにするとともに，幼稚園教育要領等に示す幼児期の終わりまでに育ってほしい姿との関連を考慮すること。特に，小学校入学当初においては，生活科を中心とした合科的・関連的な指導や，弾力的な時間割の設定を行うなどの工夫をすること。

⑺　障害のある児童などについては，学習活動を行う場合に生じる困難さに応じた指導内容や指導方法の工夫を計画的，組織的に行うこと。

⑻　第1章総則の第1の2の（2）に示す道徳教育の目標に基づき，道徳科などとの関連を考慮しながら，第3章特別の教科道徳の第2に示す内容について，音楽科の特質に応じて適切な指導をすること。

2　第2の内容の取扱いについては，次の事項に配慮するものとする。

⑴　各学年の「A表現」及び「B鑑賞」の指導に当たっては，次のとおり取り扱うこと。

資料　小学校学習指導要領（平成29年3月）（抄）

　　ア　音楽によって喚起されたイメージや感情，音楽表現に対する思いや意図，音楽を聴いて感じ
　　　取ったことや想像したことなどを伝え合い共感するなど，音や音楽及び言葉によるコミュニ
　　　ケーションを図り，音楽科の特質に応じた言語活動を適切に位置付けられるよう指導を工夫す
　　　ること。

　　イ　音楽との一体感を味わい，想像力を働かせて音楽と関わることができるよう，指導のねらい
　　　に即して体を動かす活動を取り入れること。

　　ウ　児童が様々な感覚を働かせて音楽への理解を深めたり，主体的に学習に取り組んだりするこ
　　　とができるようにするため，コンピュータや教育機器を効果的に活用できるよう指導を工夫す
　　　ること。

　　エ　児童が学校内及び公共施設などの学校外における音楽活動とのつながりを意識できるように
　　　するなど，児童や学校，地域の実態に応じ，生活や社会の中の音や音楽と主体的に関わってい
　　　くことができるよう配慮すること。

　　オ　表現したり鑑賞したりする多くの曲について，それらを創作した著作者がいることに気付き，
　　　学習した曲や自分たちのつくった曲を大切にする態度を養うようにするとともに，それらの著
　　　作者の創造性を尊重する意識をもてるようにすること。また，このことが，音楽文化の継承，
　　　発展，創造を支えていることについて理解する素地となるよう配慮すること。

⑵　和音の指導に当たっては，合唱や合奏などの活動を通して和音のもつ表情を感じ取ることがで
　きるようにすること。また，長調及び短調の曲においては，Ⅰ，Ⅳ，Ⅴ及びⅤ7などの和音を中
　心に指導すること。

⑶　我が国や郷土の音楽の指導に当たっては，そのよさなどを感じ取って表現したり鑑賞したりで
　きるよう，音源や楽譜等の示し方，伴奏の仕方，曲に合った歌い方や楽器の演奏の仕方などの指
　導方法を工夫すること。

⑷　各学年の「A表現」の⑴の歌唱の指導に当たっては，次のとおり取り扱うこと。

　　ア　歌唱教材については，我が国や郷土の音楽に愛着がもてるよう，共通教材のほか，長い間親
　　　しまれてきた唱歌，それぞれの地方に伝承されているわらべうたや民謡など日本のうたを含め
　　　て取り上げるようにすること。

　　イ　相対的な音程感覚を育てるために，適宜，移動ド唱法を用いること。

　　ウ　変声以前から自分の声の特徴に関心をもたせるとともに，変声期の児童に対して適切に配慮
　　　すること。

⑸　各学年の「A表現」の⑵の楽器については，次のとおり取り扱うこと。

　　ア　各学年で取り上げる打楽器は，木琴，鉄琴，和楽器，諸外国に伝わる様々な楽器を含めて，
　　　演奏の効果，児童や学校の実態を考慮して選択すること。

　　イ　第1学年及び第2学年で取り上げる旋律楽器は，オルガン，鍵盤ハーモニカなどの中から児
　　　童や学校の実態を考慮して選択すること。

　　ウ　第3学年及び第4学年で取り上げる旋律楽器は，既習の楽器を含めて，リコーダーや鍵盤楽
　　　器，和楽器などの中から児童や学校の実態を考慮して選択すること。

　　エ　第5学年及び第6学年で取り上げる旋律楽器は，既習の楽器を含めて，電子楽器，和楽器，
　　　諸外国に伝わる楽器などの中から児童や学校の実態を考慮して選択すること。

224

オ　合奏で扱う楽器については，各声部の役割を生かした演奏ができるよう，楽器の特性を生かして選択すること。

(6)　各学年の「A表現」の(3)の音楽づくりの指導に当たっては，次のとおり取り扱うこと。

　ア　音遊びや即興的な表現では，身近なものから多様な音を探したり，リズムや旋律を模倣したりして，音楽づくりのための発想を得ることができるよう指導すること。その際，適切な条件を設定するなど，児童が無理なく音を選択したり組み合わせたりすることができるよう指導を工夫すること。

　イ　どのような音楽を，どのようにしてつくるかなどについて，児童の実態に応じて具体的な例を示しながら指導するなど，見通しをもって音楽づくりの活動ができるよう指導を工夫すること。

　ウ　つくった音楽については，指導のねらいに即し，必要に応じて作品を記録させること。作品を記録する方法については，図や絵によるもの，五線譜など柔軟に指導すること。

　エ　拍のないリズム，我が国の音楽に使われている音階や調性にとらわれない音階などを児童の実態に応じて取り上げるようにすること。

(7)　各学年の「B鑑賞」の指導に当たっては，言葉などで表す活動を取り入れ，曲想と音楽の構造との関わりについて気付いたり理解したり，曲や演奏の楽しさやよさなどを見いだしたりすることができるよう指導を工夫すること。

(8)　各学年の〔共通事項〕に示す「音楽を形づくっている要素」については，児童の発達の段階や指導のねらいに応じて，次のア及びイから適切に選択したり関連付けたりして指導すること。

　ア　音楽を特徴付けている要素

　　音色，リズム，速度，旋律，強弱，音の重なり，和音の響き，音階，調，拍，フレーズなど

　イ　音楽の仕組み

　　反復，呼びかけとこたえ，変化，音楽の縦と横との関係など

(9)　各学年の〔共通事項〕の(1)のイに示す「音符，休符，記号や用語」については，児童の学習状況を考慮して，次に示すものを音楽における働きと関わらせて理解し，活用できるよう取り扱うこと。

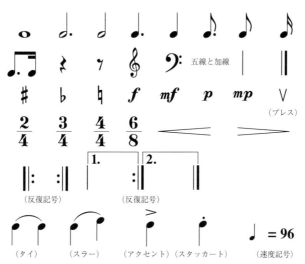

人 名 索 引

ア行
アイスナー，E.　*123*
伊澤修二　*18*
岩崎洋一　*24*
大江健三郎　*19*
オルフ，C.　*53*

カ行
草川宣雄　*18*
コダーイ，Z.　*19*

サ行
斉藤喜博　*19, 127*
佐藤学　*2*
ショーマン，L.　*1*
ショーン，D.　*122*

ナ・ハ行
中田喜直　*19*
長谷川良夫　*19*
福井直秋　*18*

マ・ヤ行
マーネン，V.　*121*
マクルーハン，M.　*66*
丸岡秀子　*19*
三村真弓　*3*
メリアム，A.　*80*
八木正一　*62*

事 項 索 引

A–Z
AR　*76*
CIE　*19*
ICT　*66*
MHS方式　*79*
PCK　*1, 2*
PCK概念　*4*
YouTube　*71*

ア行
アクティブ・ラーニング　*70, 97*
アッチェレランド　*142*
育成を目指す資質・能力　*6*
生田流　*92*
移行期における学習評価　*5*
移調　*22*
インターネット　*71*
インフォーマルな研修体制　*128*
裏間　*88*
押し手　*91*
オスティナート（執拗反復）　*52*
音遊び　*48*
オペレッタ　*126*
音楽科授業の崩壊　*121*
音楽科授業を支える学級集団づくり　*124*
音楽科の内容　*12*

音楽づくり　*46, 48*
音楽的な見方・考え方　*9, 16*
音楽に親しむ態度　*11*
音楽に対する感性　*11*
音楽の構造　*54, 163*
音楽の仕組み　*54, 144*
音楽の生活化　*19*
音楽文化　*127, 130*
音楽を愛好する心情　*11*
音楽を特徴付けている要素　*144*

カ行
改訂の基本的な考え方　*7*
学習指導要領の改訂　*5*
学習集団づくりに関する教育的瞬間　*121*
学年の目標　*12*
学力の三要素　*6*
掛け合い歌　*46*
学級経営　*120*
学級の荒れ　*121*
学校教育法　*133*
学校の特色づくり　*128*
学校文化　*126, 129*
合奏　*29, 40*
観察者としての授業者　*120*
器楽演奏　*40*

基礎力　*99*
教育的鑑識　*123, 124*
教育的瞬間　*122*
教科及び教科の指導法に関する科目　*1, 2*
教科内容学　*3*
教科に関する科目　*1*
教科の指導法に関する科目　*1*
教科の目標　*9*
教師の力量　*120, 121, 130, 131*
強弱　*90, 138*
教授行為　*120*
共通事項　*12, 54*
曲種に応じた発声　*25, 27*
曲想　*60, 160*
クレッシェンド　*143*
形成的評価　*115*
研究する教師集団　*130*
言語活動の充実　*48*
行為の中の省察　*122*
コダーイメソッド　*22*
コンテンツ・ベース　*97*
コンピテンシー・ベース　*97*

サ行
さわり　*87*
次期学習指導要領等に向けたこれまでの審議のまとめ

5
思考力 99
「思考力，判断力，表現力等」
　の育成 10, 12
資質・能力の関連 16
視唱 20, 21, 22
自然で無理のない歌い方 20,
　25
実践力 99
指導観 105
児童観 105
指導計画の作成と内容の取扱
　い 15
ジャズ 46
三味線 87
主体的・対話的で深い学び 4,
　6, 7, 15, 99
小1プロブレム 132, 137
小学校学習指導要領実施状況
　調査・音楽 7
状況の本質 123
状況把握 122, 123
診断的評価 116
生活や社会の中の音や音楽と
　豊かに関わる資質・能力
　9, 17
旋律楽器 32
箏 91
総括的評価 116
奏法 41, 93
即興 46, 54
即興的な音楽づくり 50
ソプラノ・リコーダー 138
ソルフェージュ 22
題材観 105

タ行
打楽器 31, 35, 138
叩き 140
タブレット 67

短絡的な指導 124
地域の教育力 129
知覚・感受 101
「知識及び技能」の習得 10, 12
知的財産 129, 130
中教審第184号 1, 3
中声発声 18, 23
調絃 91
聴唱 20, 21, 22
デクレッシェンド 143
デジタル教科書 69
テトラコルド 88
テレビ会議システム 70
電子黒板 69
頭声的発声 19, 24, 25
頭声発声 18, 19, 23, 24
同僚性 126, 128
トニック・ソルファ法 22

ナ行
21世紀型能力 99
日本の民謡 25
日本民謡 24, 25, 26
人間性 116
認定こども園 132
認定こども園教育・保育要領
　132, 135
能動的学修 100

ハ行
発声指導 18
パートナーソング 21
判断 122, 124
ハンドサイン 22
比較音楽学 79
一人の歌声や演奏 124
表間 88
平調子 92
フェルマータ 142
フォーマルな研修体制 129
プログラミング 67

プログラミング的思考 67
文化相対主義 80
平成29年版小学校学習指導要
　領音楽編 47
保育士 137
保育所 135
保育所保育指針 135
ボーカロイド 67
ホーミー 62
保幼小連携 132, 137, 138

マ行
間 88
「学びに向かう力，人間性等」
　の涵養 11, 12
学びに向かう力 116
見える 123
民俗音楽 52
民族音楽学 80
目標に準拠した評価 115
模倣 51

ヤ行
山田流 92
豊かな情操 11
ユリ 88
幼稚園 132
幼稚園教育要領 133
幼稚園教育要領・保育所保育
　指針 133
幼稚園教諭 137
ヨーデル 26, 62
予備拍 142

ラ・ワ行
リタルダンド 142
輪唱 21
論点整理 5, 7
我が国や郷土の音楽 16

〈執筆者紹介〉（執筆順，執筆担当）

高見 仁志（たかみ・ひとし，編著者，佛教大学教育学部）　序章・第12・13章

津田 正之（つだ・まさゆき，国立音楽大学音楽学部）　第1章

城　 佳世（じょう・かよ，九州女子大学人間科学部）　第2章

大澤 智恵（おおさわ・ちえ，武庫川女子大学音楽学部）　第3章・17章

臼井 奈緒（うすい・なお，佛教大学教育学部）　第3章

森　　薫（もり・かおる，埼玉大学教育学部）　第4・14章

門脇早聰子（かどわき・さきこ，兵庫教育大学学校教育研究科）　第5章

齊藤 忠彦（さいとう・ただひこ，信州大学教育学部）　第6章

田中 健次（たなか・けんじ，茨城大学名誉教授）　第7章

仙北 瑞帆（せんぼく・みずほ，広島大学大学院生）　第8章

松永 洋介（まつなが・ようすけ，岐阜大学教育学部）　第9章

西沢 久実（にしざわ・くみ，神戸市立谷上小学校）　第10章

岡田 知也（おかだ・ともや，香川大学教育学部）　第11章

菅　 　裕（すが・ひろし，宮崎大学大学院教育学研究科）　第15・17章

山本 千紗（やまもと・ちさ，姫路大学教育学部）　第16章

日本音楽著作権協会（出）許諾第1802656-801

新しい小学校音楽科の授業をつくる

| 2018年3月31日　初版第1刷発行 | 〈検印省略〉 |
| 2025年3月10日　初版第6刷発行 | 定価はカバーに表示しています |

編　者　高　見　仁　志
発行者　杉　田　啓　三
印刷者　藤　森　英　夫

発行所　株式会社　ミネルヴァ書房
607-8494　京都市山科区日ノ岡堤谷町1
電話代表(075)581-5191　振替口座01020-0-8076

©高見仁志他, 2018　　　　　亜細亜印刷・新生製本

ISBN978-4-623-08170-7

Printed in Japan

小学校教育用語辞典

細尾萌子・柏木智子編集代表 　　　　　　　　　　　　　四六判408頁　本体2400円

　●小学校教育に関わる人名・事項1179項目を19の分野に分けて収録。初学者にもわかりやすい解説の「読む」辞典。小学校教員として知っておくべき幼稚園教育や校種間の連携・接続に関する事項もカバーした。教師を目指す学生，現役の教師の座右の書となる一冊。

事例で学ぶ学校の安全と事故防止

添田久美子・石井拓児編著 　　　　　　　　　　　　　　Ｂ５判156頁　本体2400円

　●「事故は起こるもの」と考えるべき。授業中，登下校時，部活の最中，給食で…，児童・生徒が巻き込まれる事故が起こったとき，あなたは——。学校の内外での多様な事故について，何をどのように考えるのか，防止のためのポイントは何か，指導者が配慮すべき点は何か，を具体的にわかりやすく，裁判例も用いながら解説する。学校関係者必携の一冊。

すぐ実践できる情報スキル50——学校図書館を活用して育む基礎力

塩谷京子編著 　　　　　　　　　　　　　　　　　　　　Ｂ５判212頁　本体2200円

　●小・中学校９年間を見通した各教科等に埋め込まれている情報スキル50を考案。学校図書館を活用することを通して育成したいスキルの内容を，読んで理解し，授業のすすめ方もイメージできる。子どもが主体的に学ぶための現場ですぐに役立つ一冊。

――――――――――――――― ミネルヴァ書房 ―――――――――――――――

https://www.minervashobo.co.jp